a b c d e

f g h i

j k l m

n o p q

r s t u

v w x y z

A B C D E

F G H I

J K L M

N O P Q

R S T U

V W X Y Z

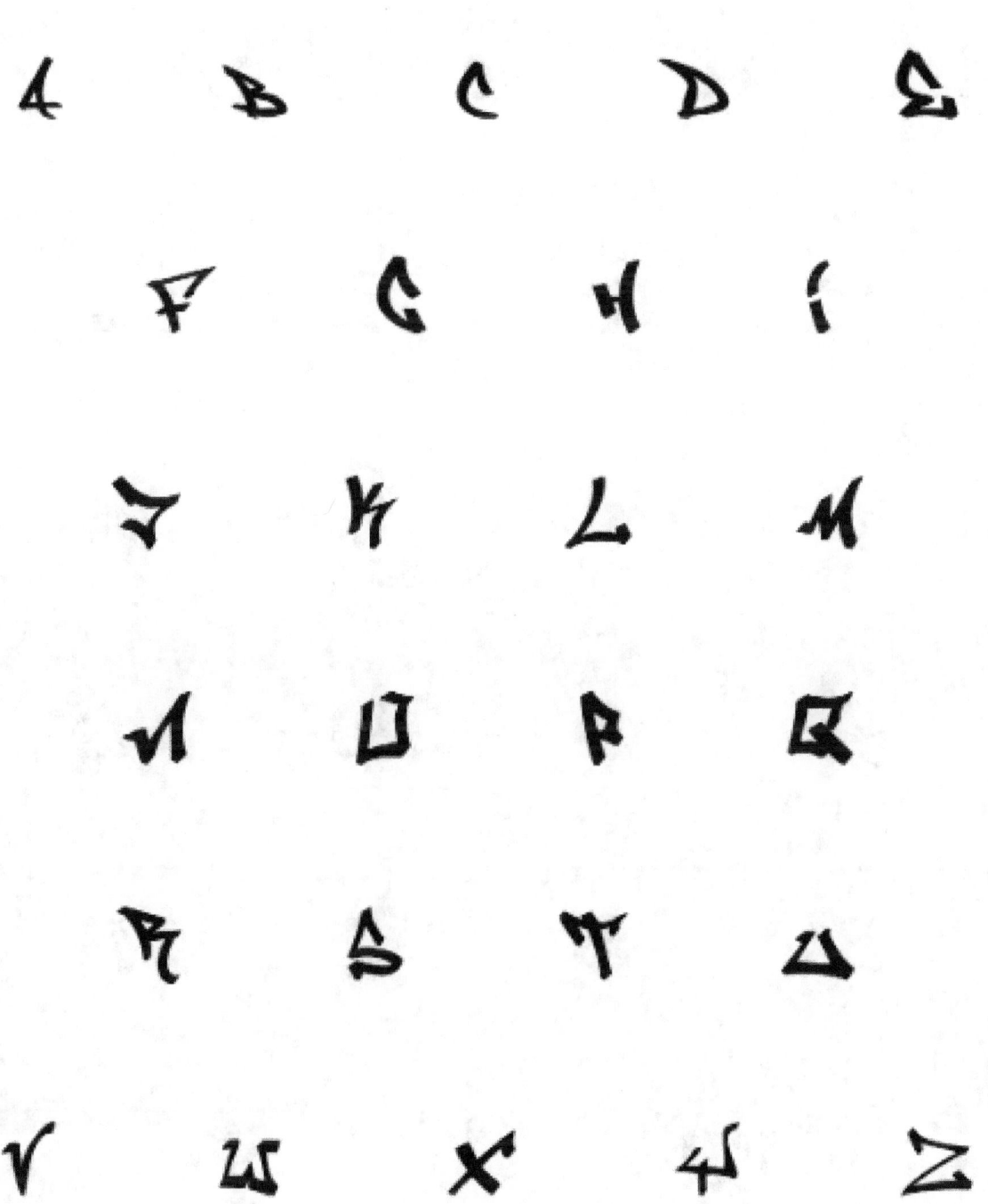

A B C D E

F G H I

J K L M

N O P Q

R S T U

V W X Y Z

a b c d e

f g h i

j k l m

n o p q

r s t u

v w x y z

a   b   c   d   e

f   g   h   i

j   k   l   m

n   o   p   q

r   s   t   u

v   w   x   y   z

a   b   c   d   e

f   g   h   i

j   k   l   m

n   o   p   q

r   s   t   u

v   w   x   y   z

A B C D E

F G H I

J K L M

N O P Q

R S T U

V W X Y Z

A B C D E

F G H I

J K L M

N O P Q

R S T U

V W X Y Z

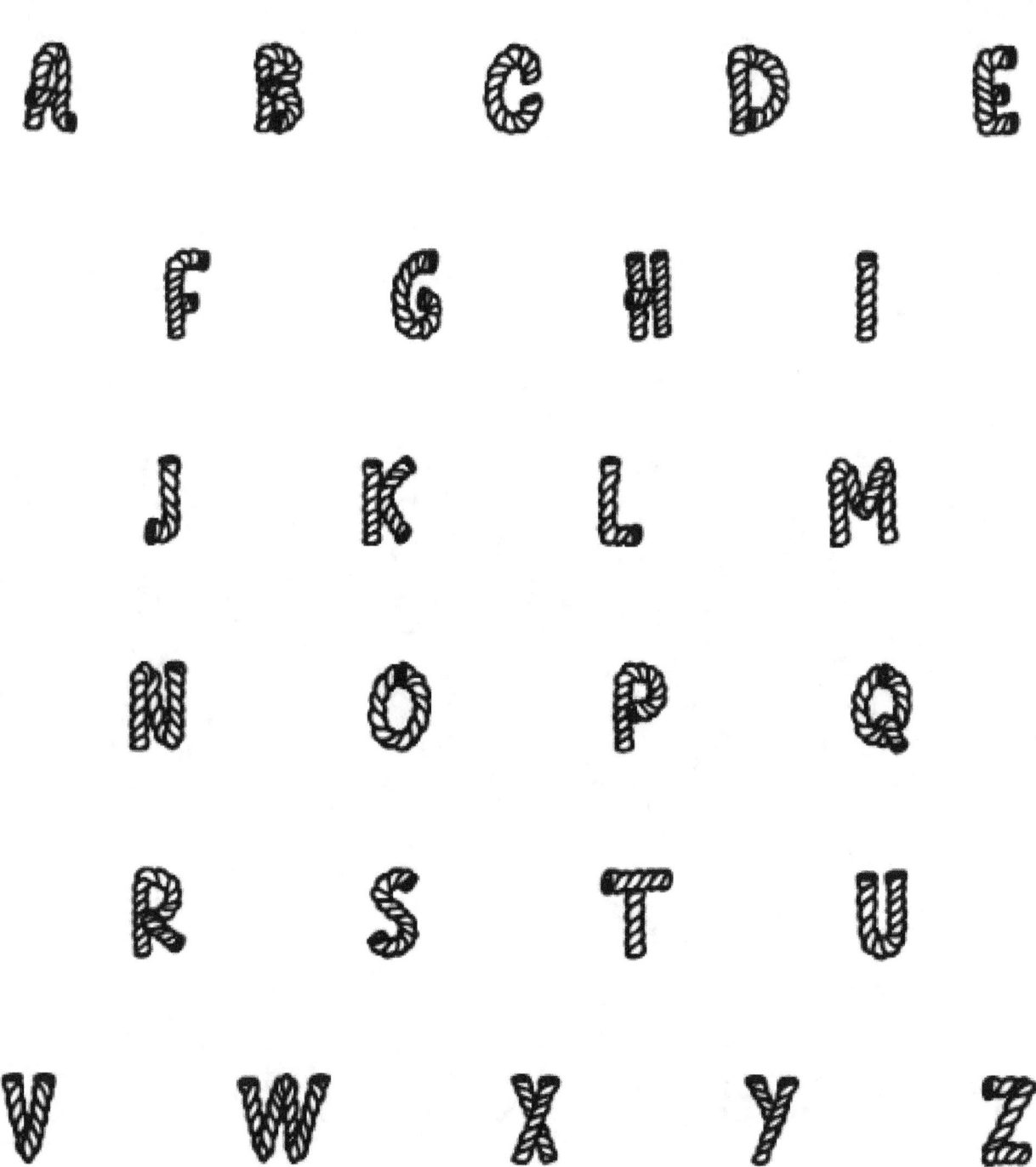

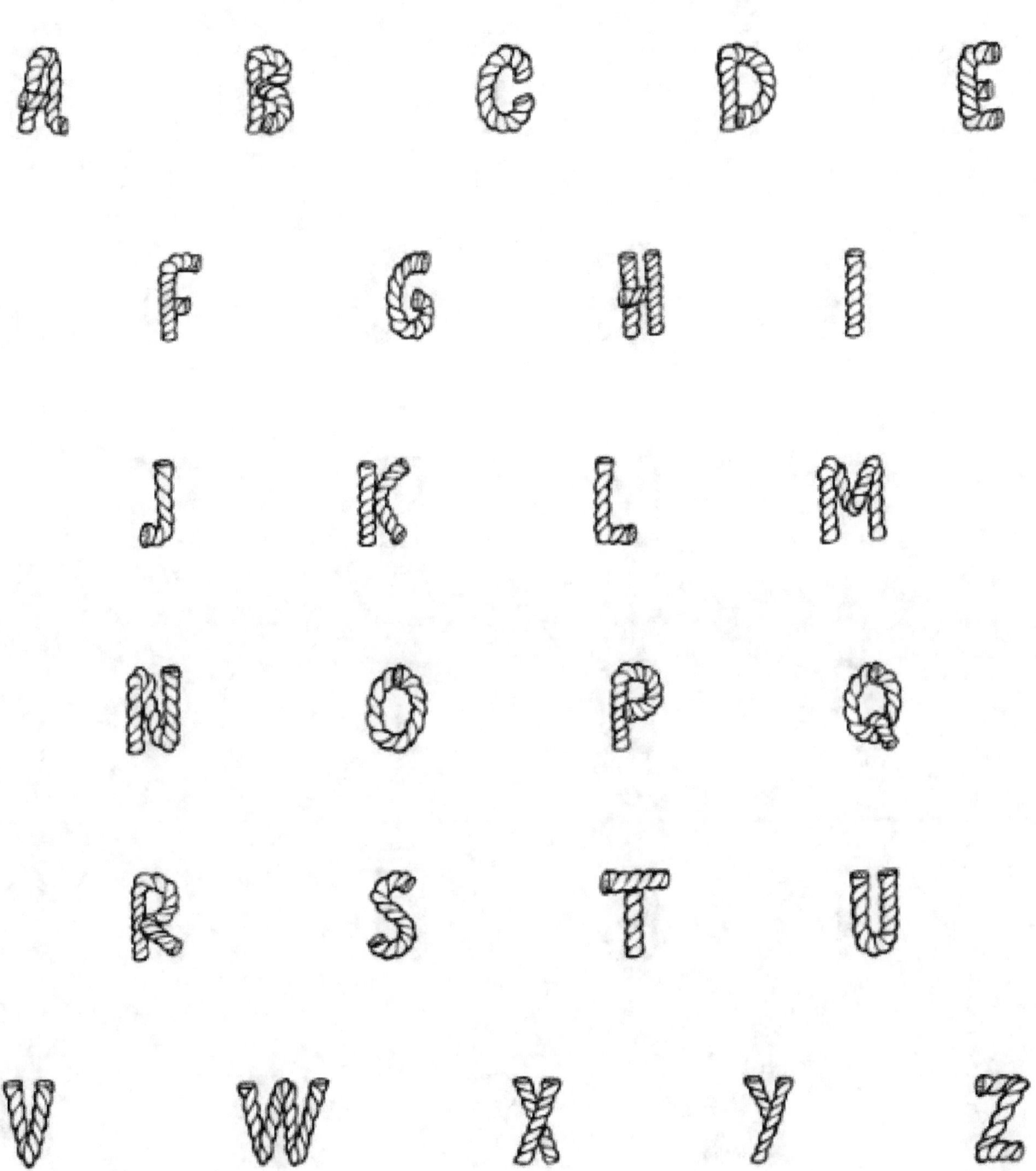

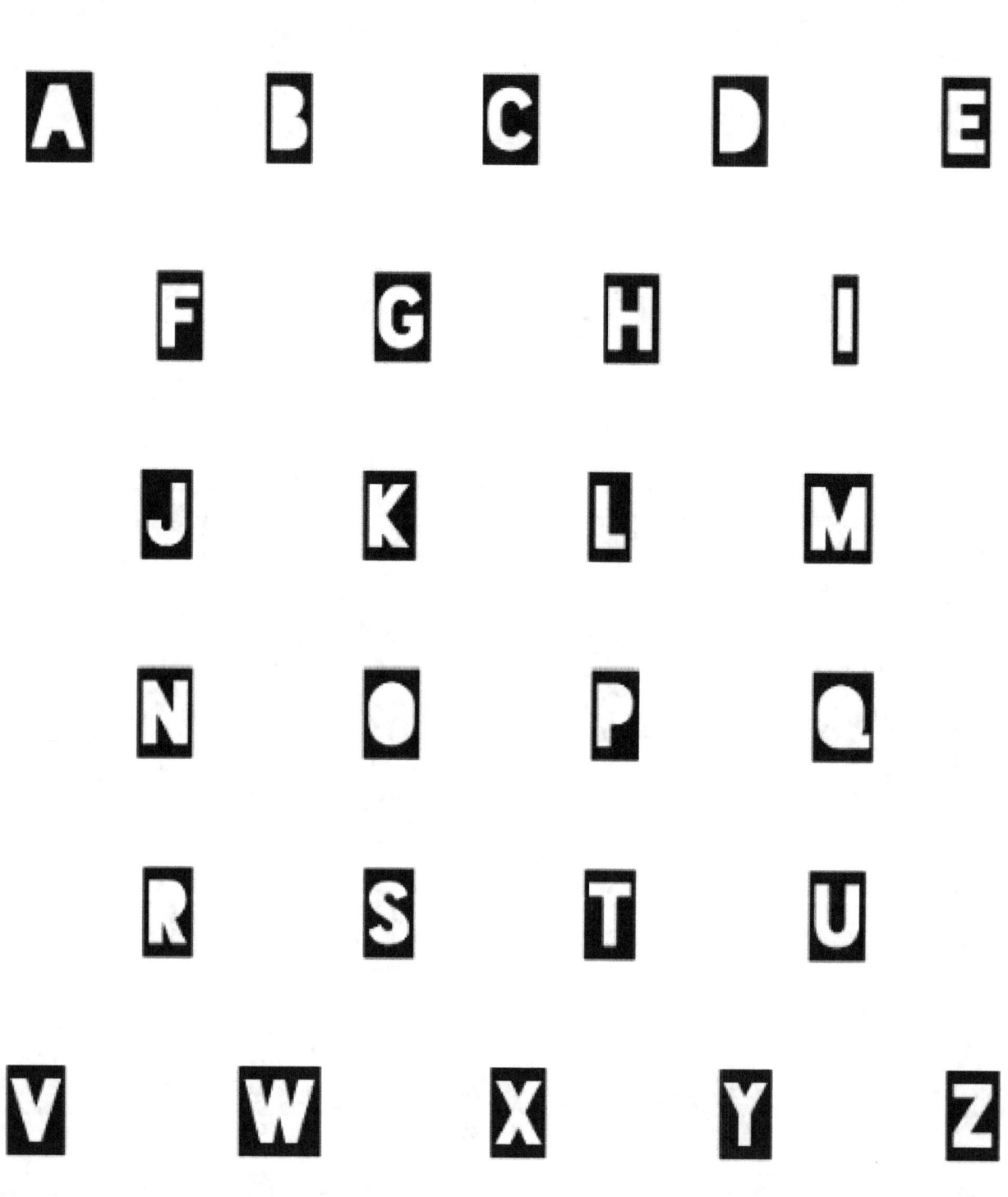

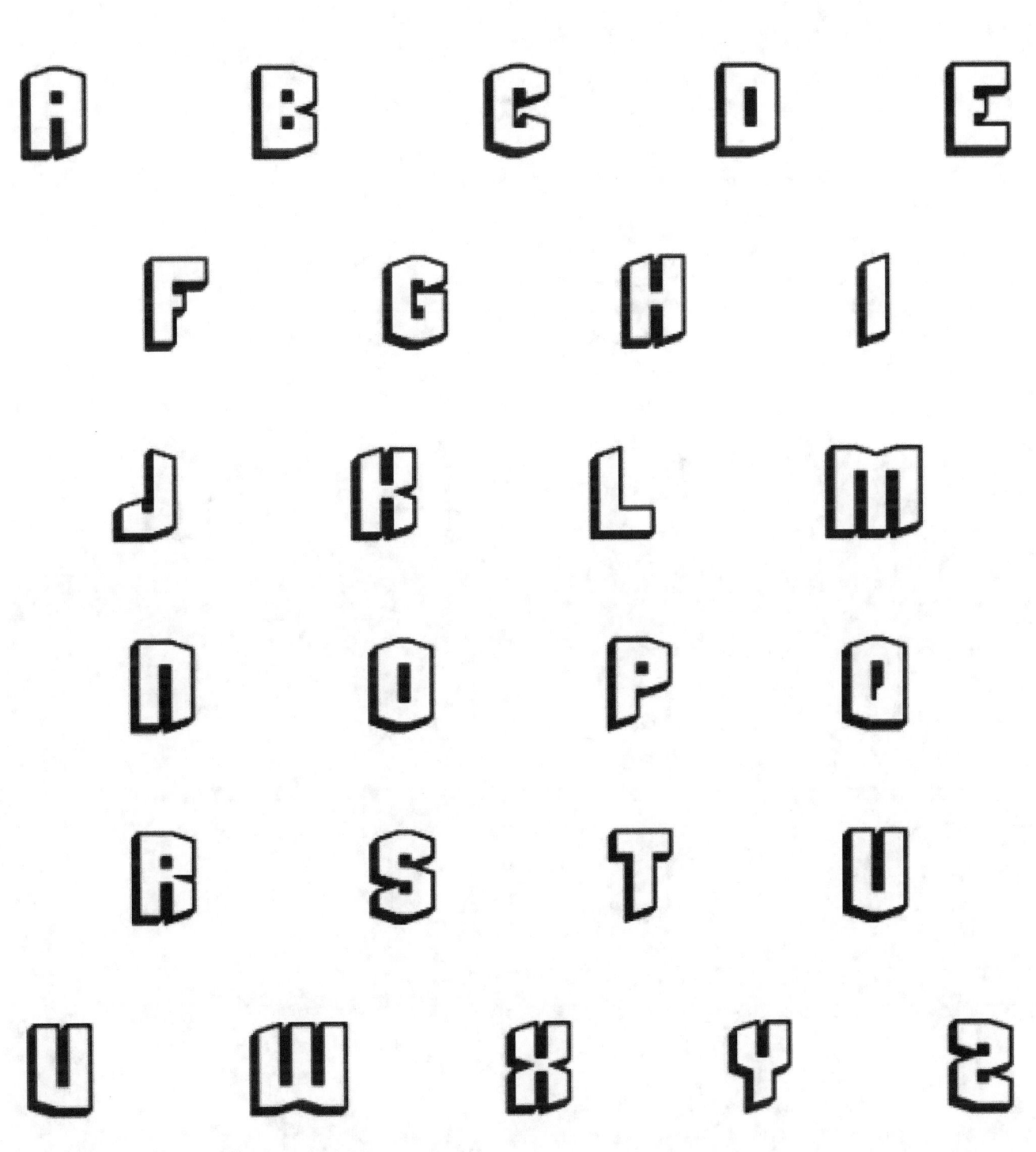

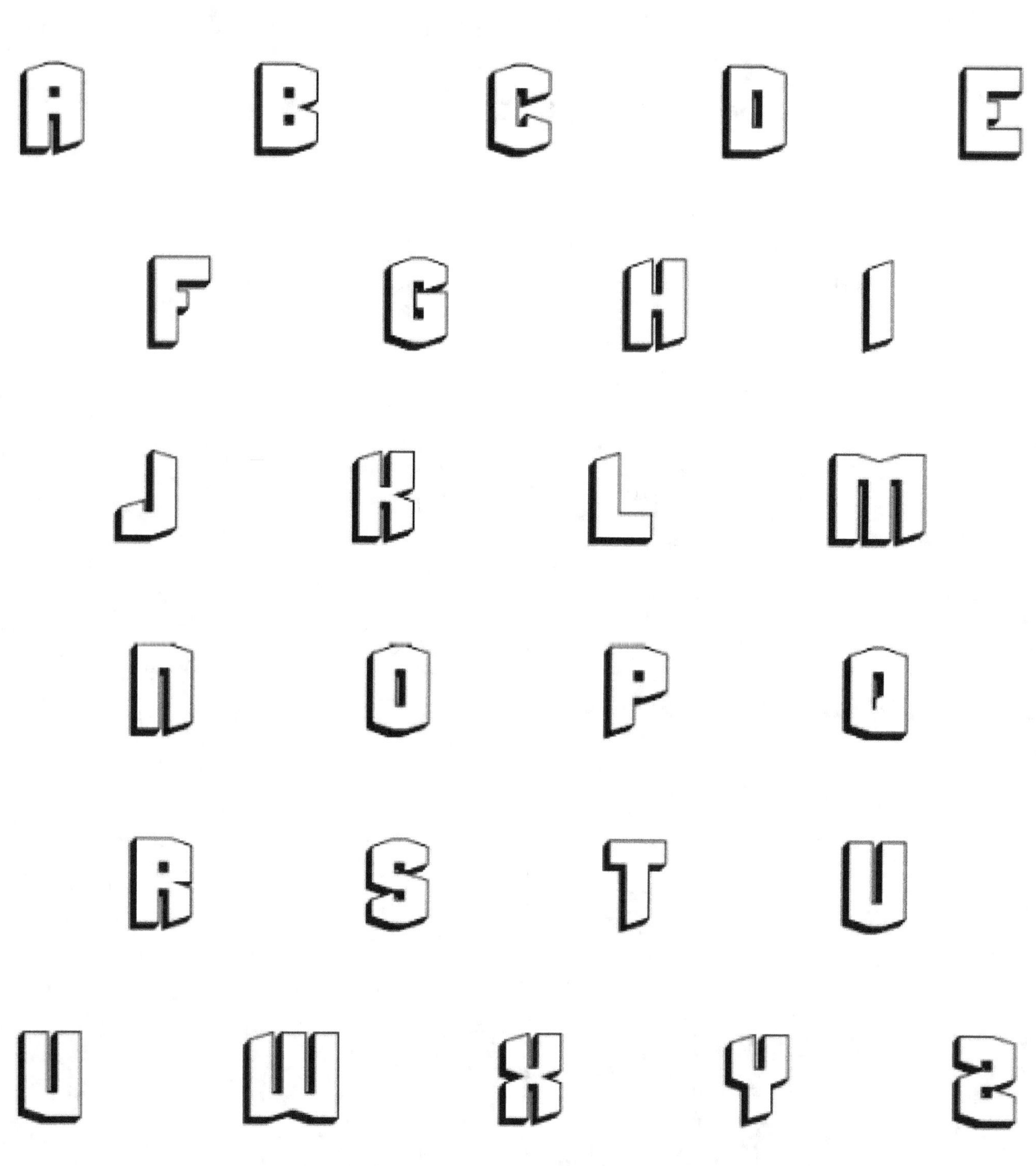

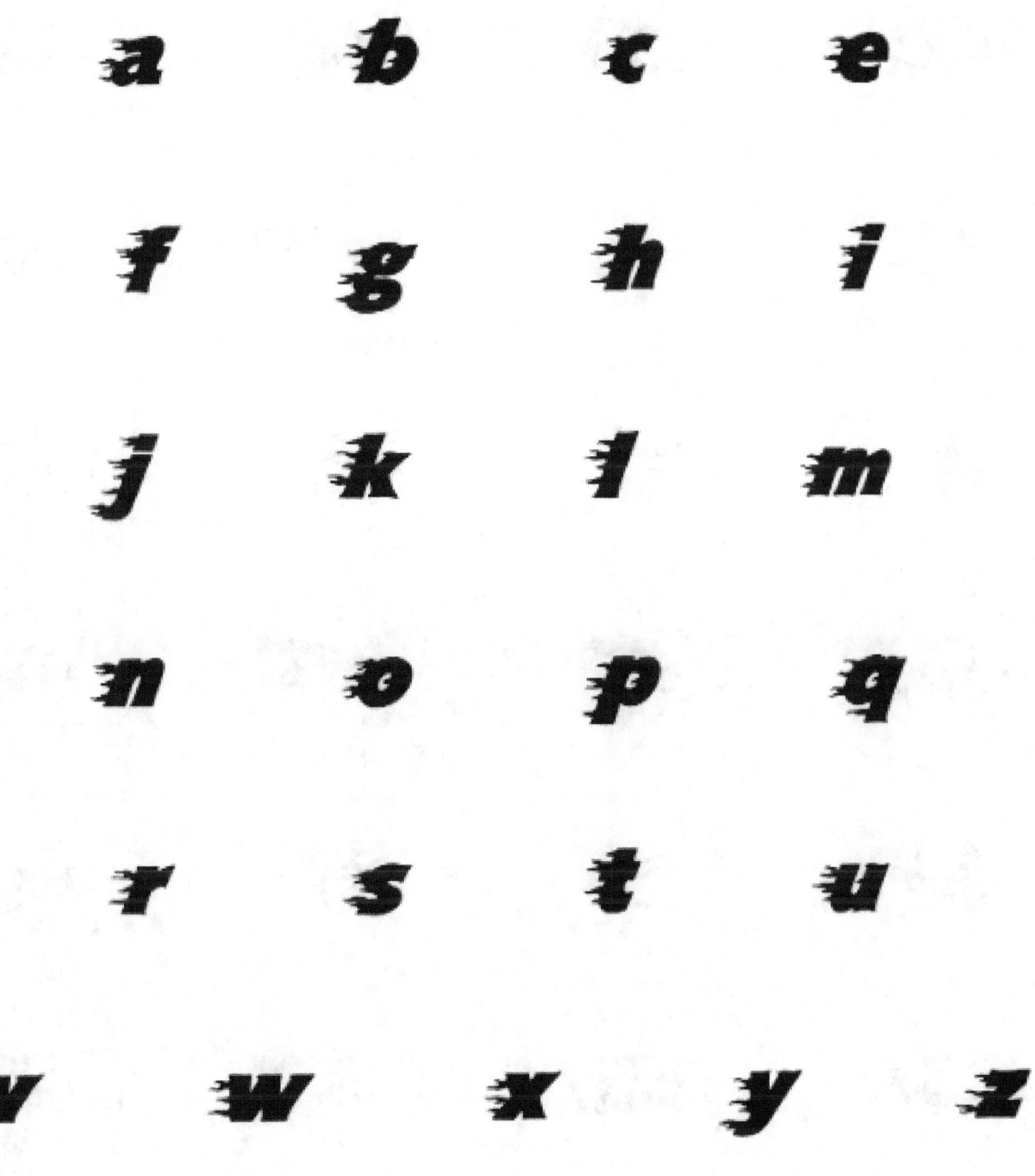

A B C E

F G H I

J K L M

N O P Q

R S T U

V W X Y

Z

A B C E

F G H I

J K L M

N O P Q

R S T U

V W X Y Z

A B C E

F G H I

J K L M

N O P Q

R S T U

V W X Y Z

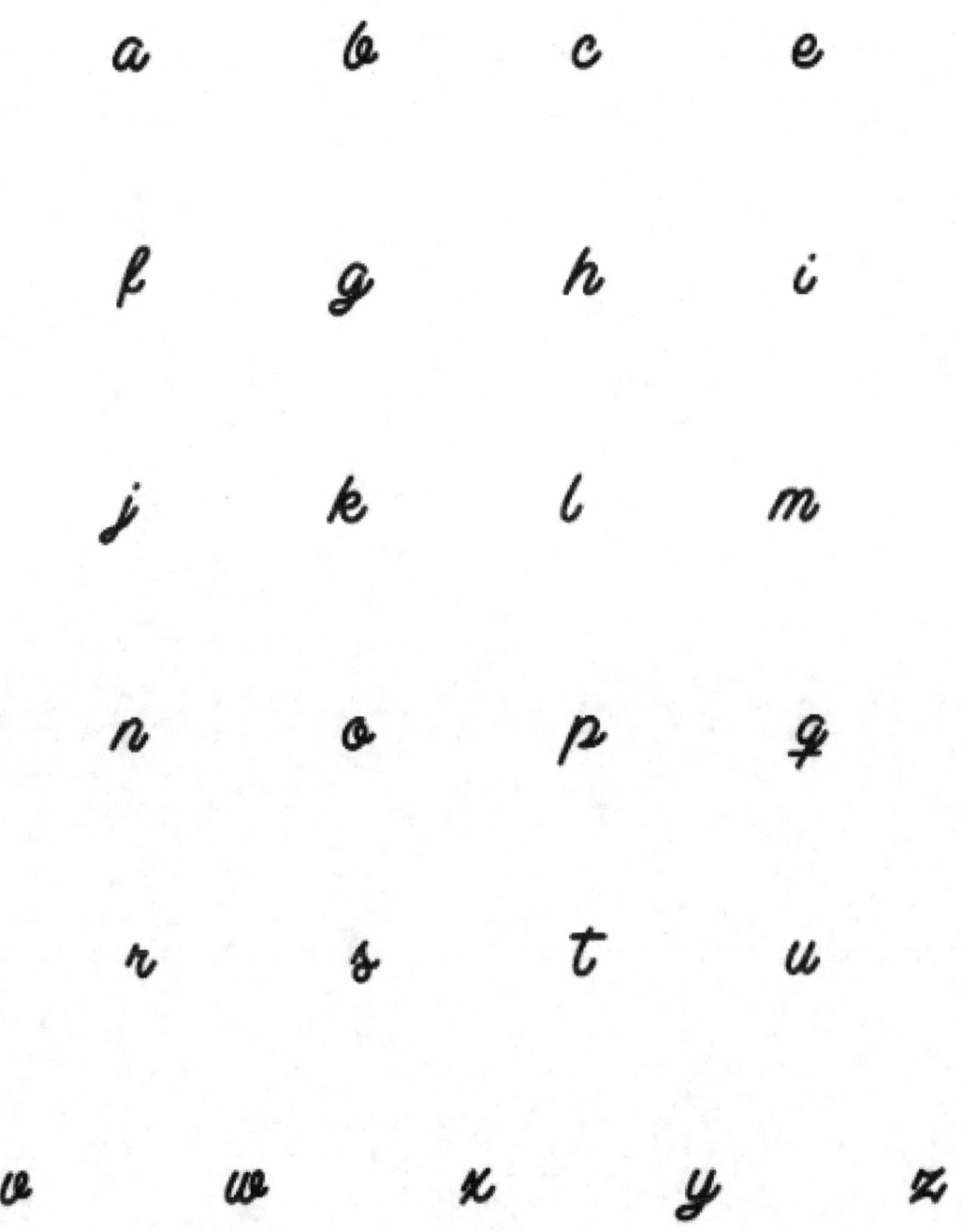

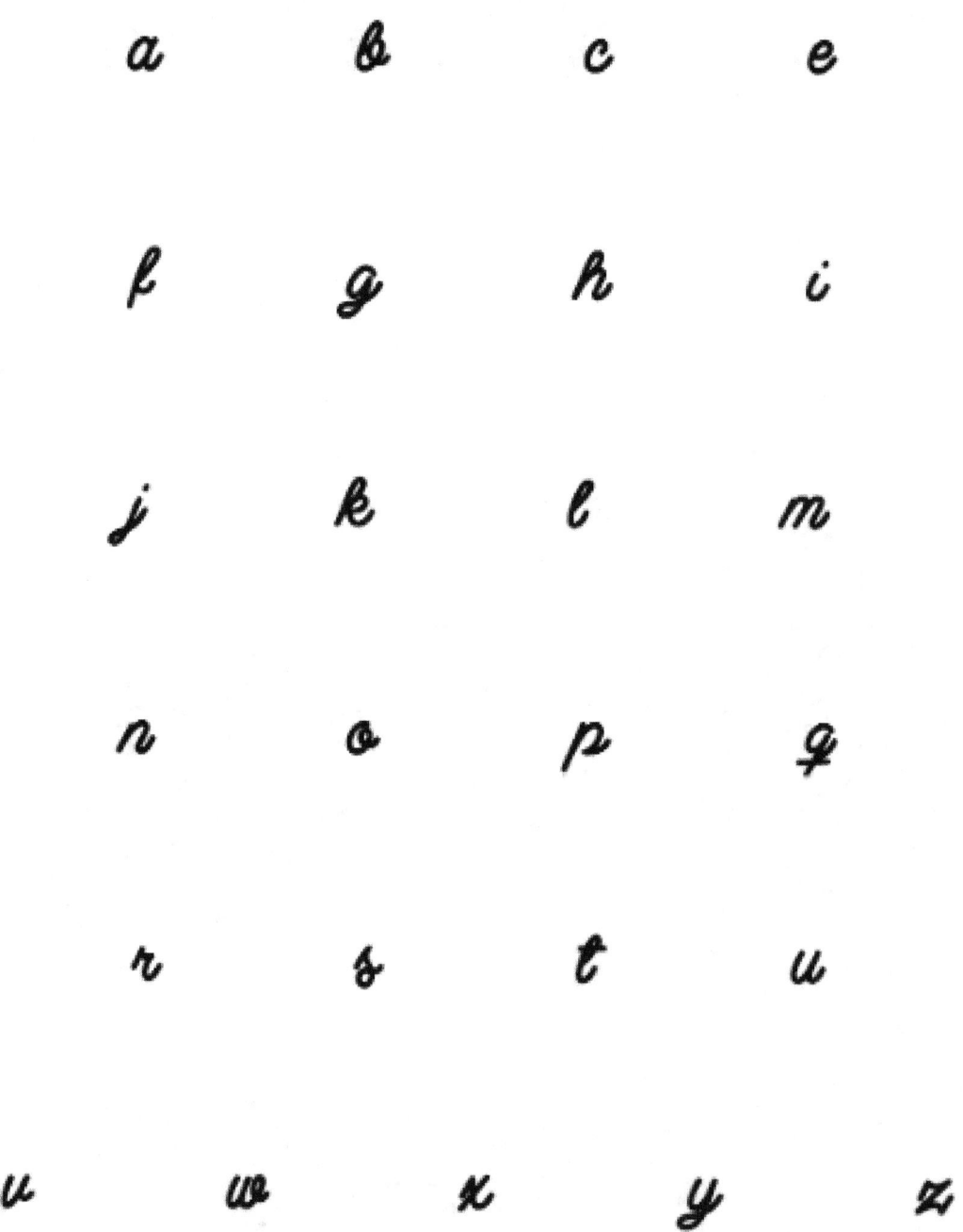

A B C E

F G H I

L K L M

N O P Q

R S T U

V W X Y Z

A   B   C   E

F   G   H   I

J   K   L   M

N   O   P   Q

R   S   T   U

V   W   X   Y   Z

A B C E

F G H I

J K L M

N ⊕ P Q

R S T U

V W X Y Z

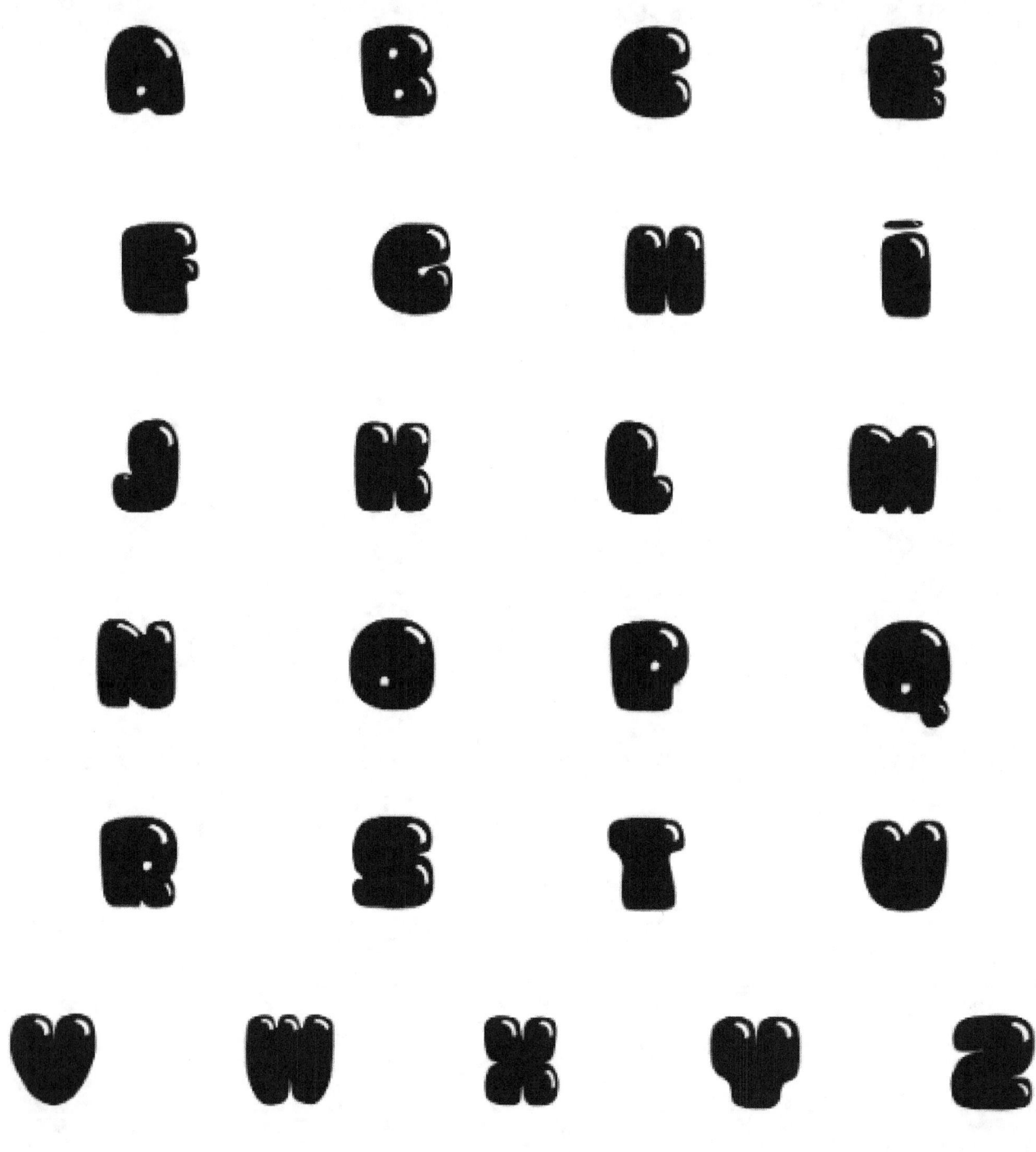

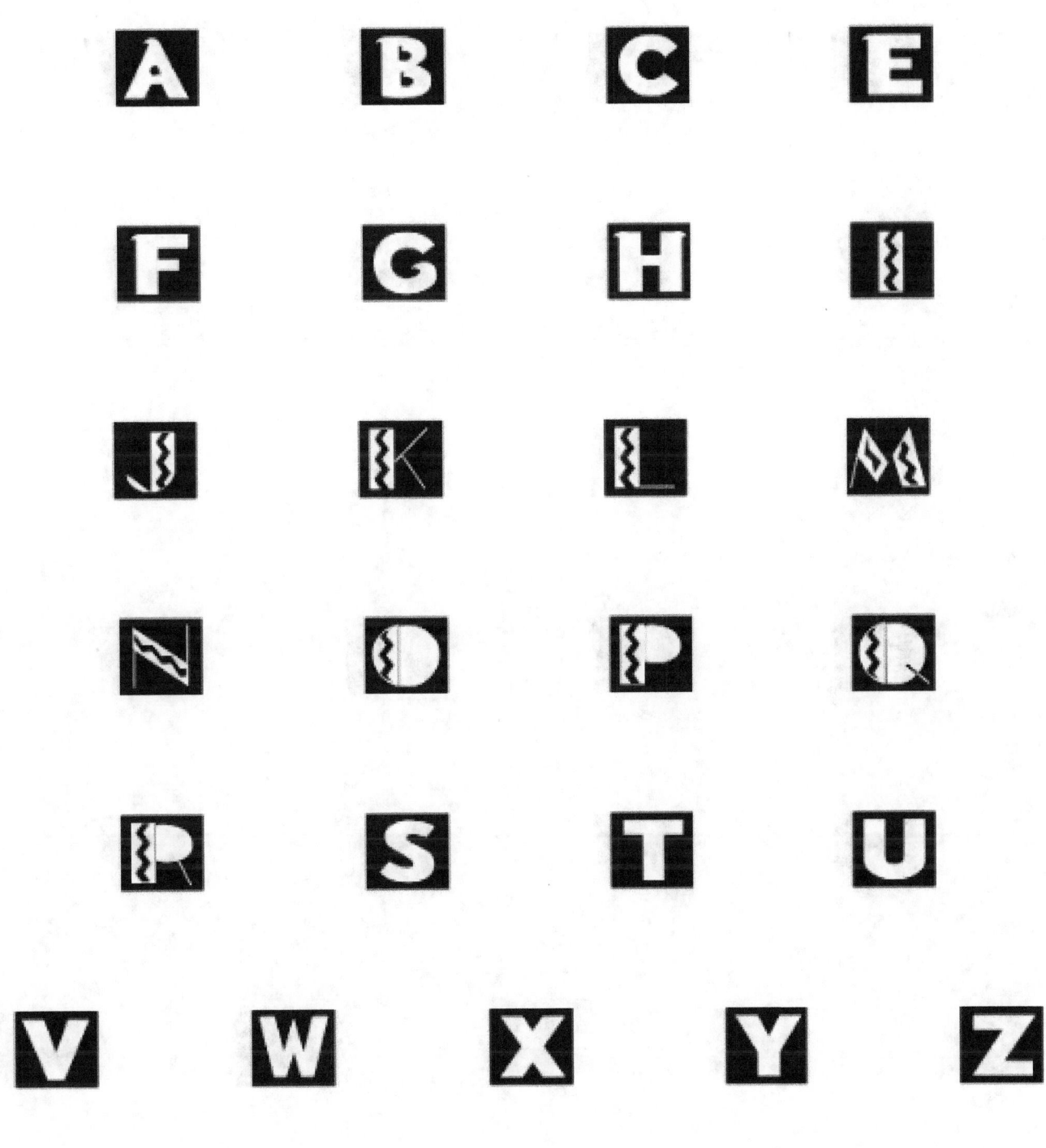

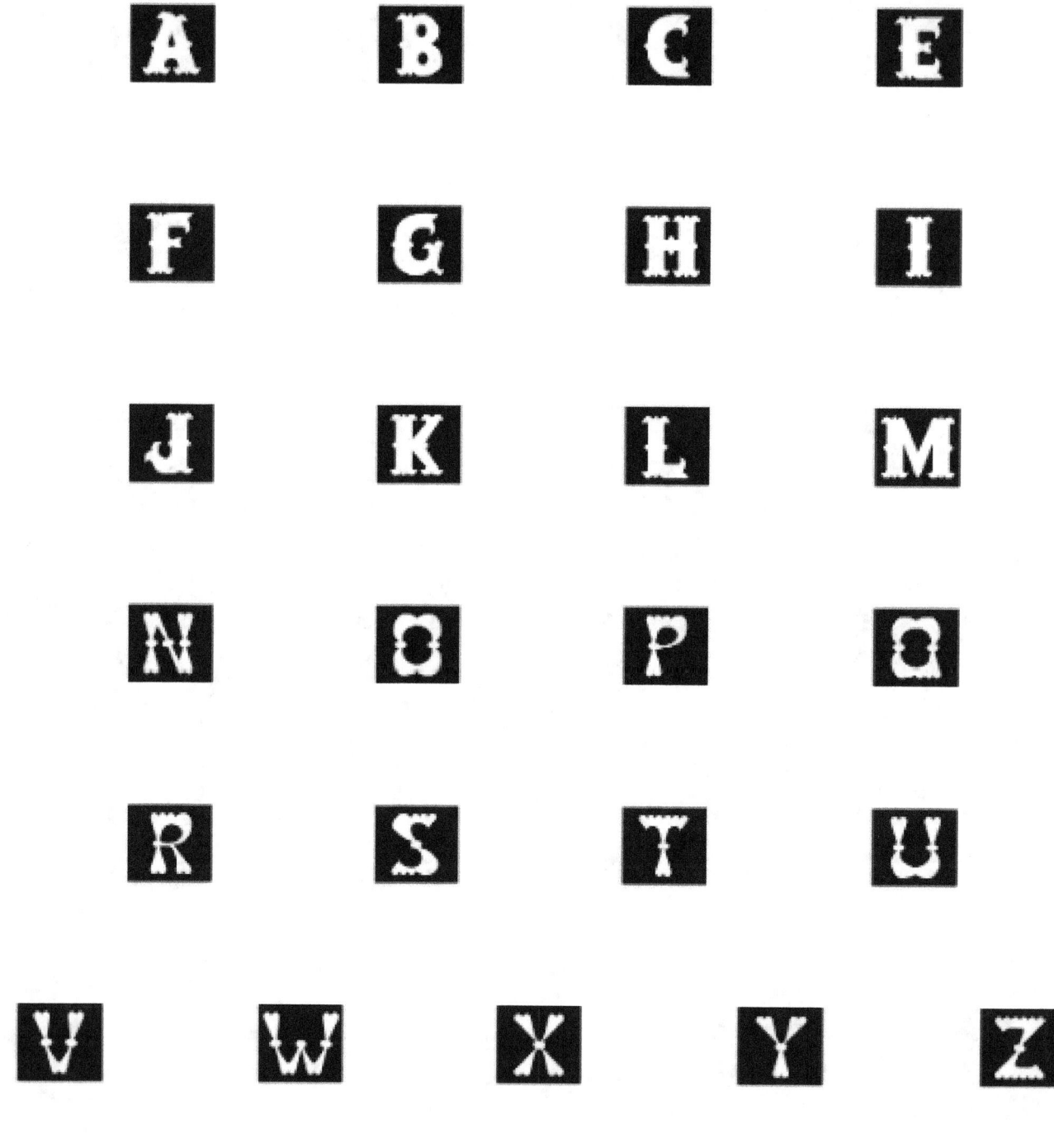

A B C E

F G h I

J K L M

O O P Q

R S T U

O W X Y Z

A B C E

F G H I

J K L M

N O P Q

R S T U

V W X Y Z

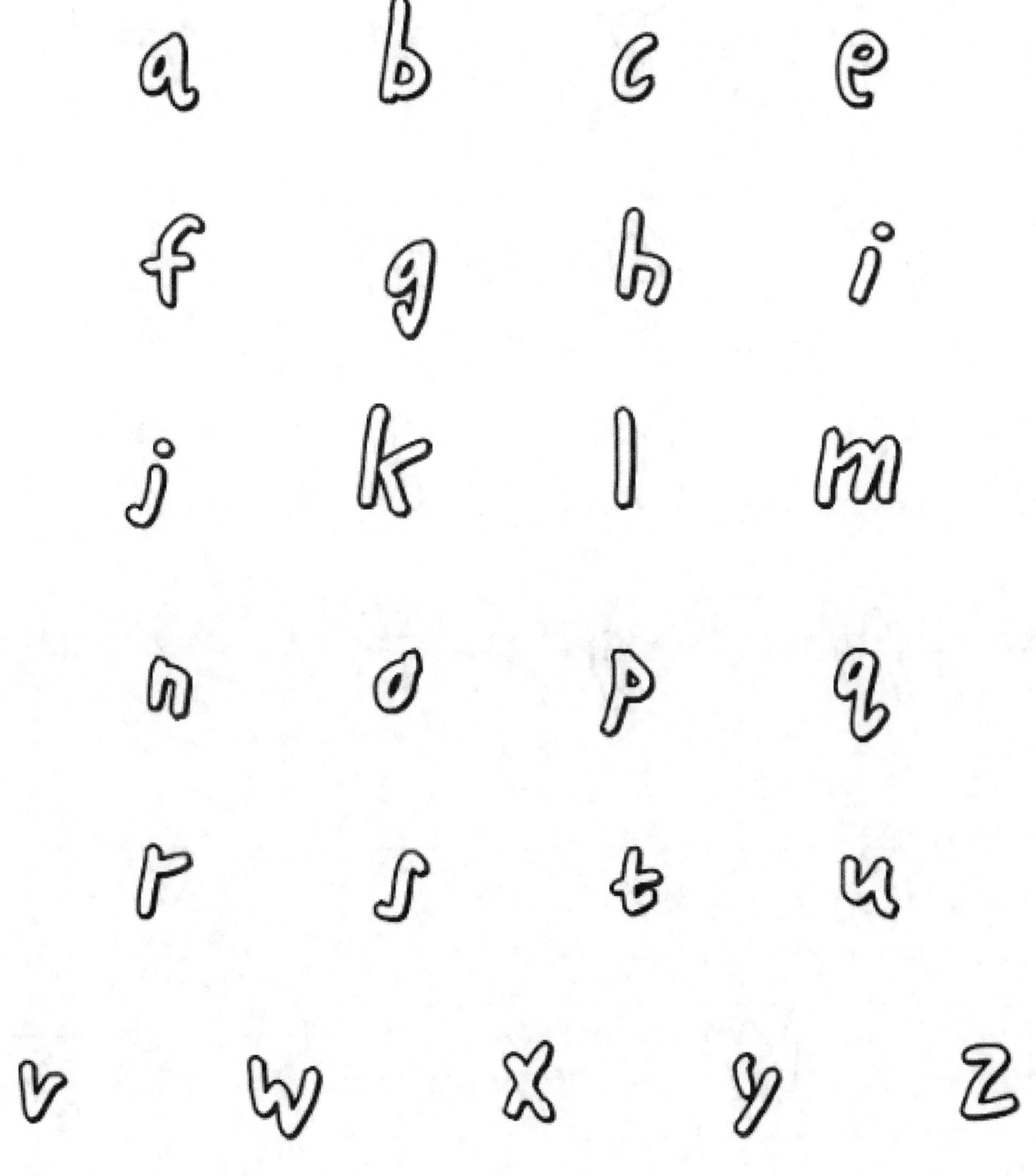

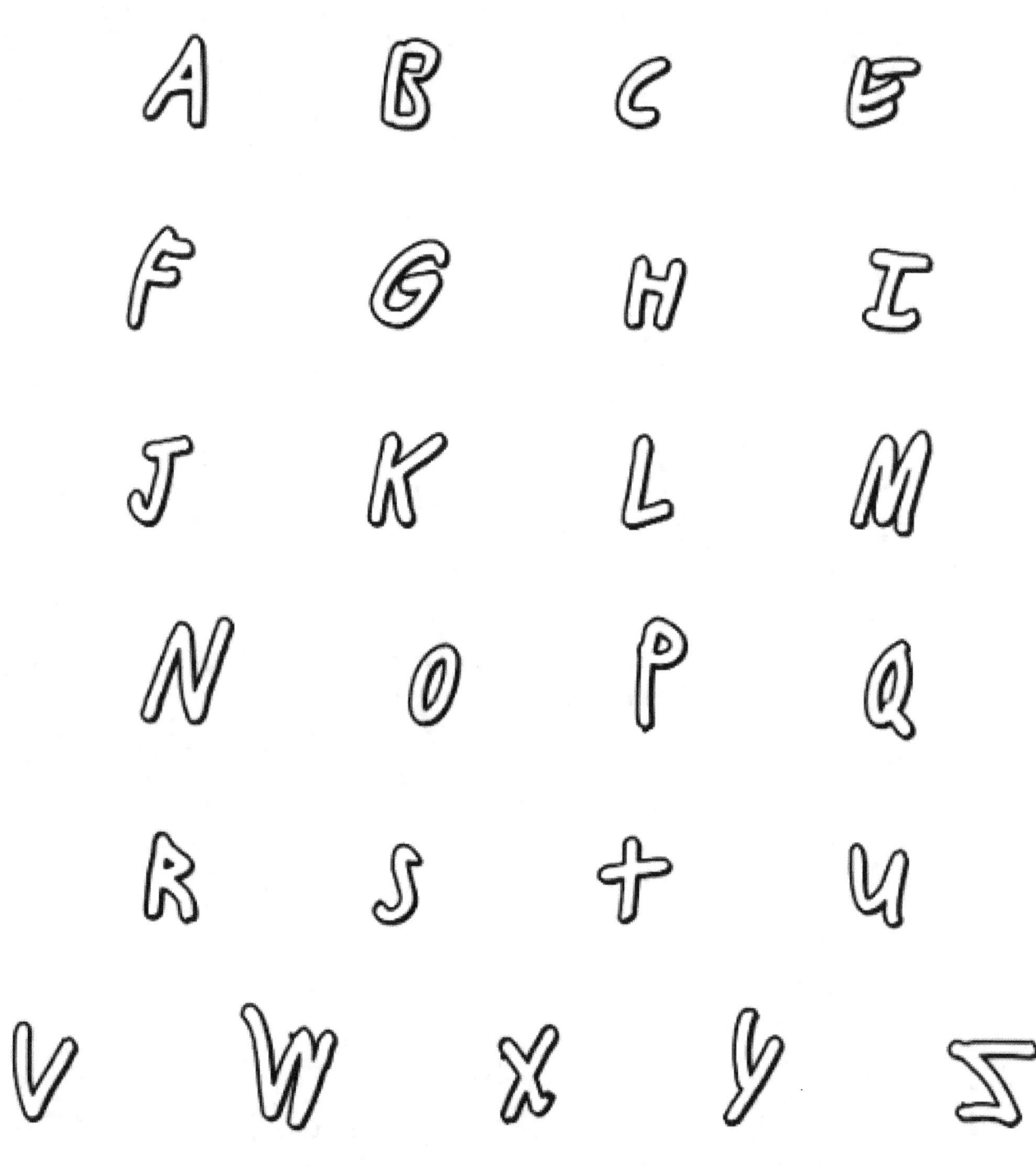

a   b   c   e

f   g   h   i

j   k   l   m

n   o   p   q

r   s   t   u

v   w   x   y   z

A B C E

F G H I

J K L M

N O P Q

R S T U

V W X Y Z

A B C E

F G H I

J K L M

N O P Q

R S T U

V W X Y Z

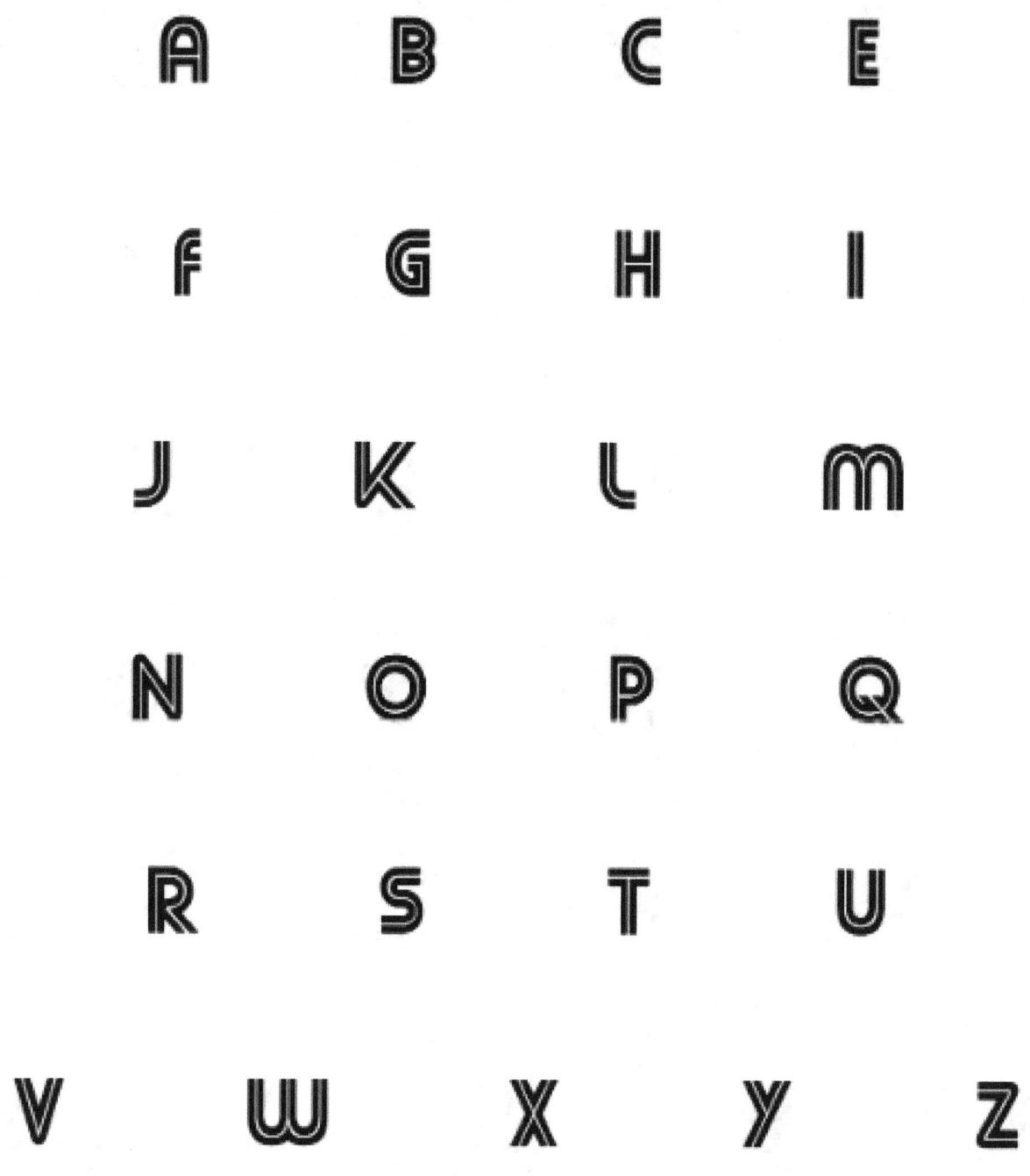

A   B   C   E

F   G   H   i

J   K   L   M

N   O   P   Q

R   S   t   U

V   W   X   Y   Z

A B C E

F G H I

J K L M

N O P Q

R S T U

V W X Y Z

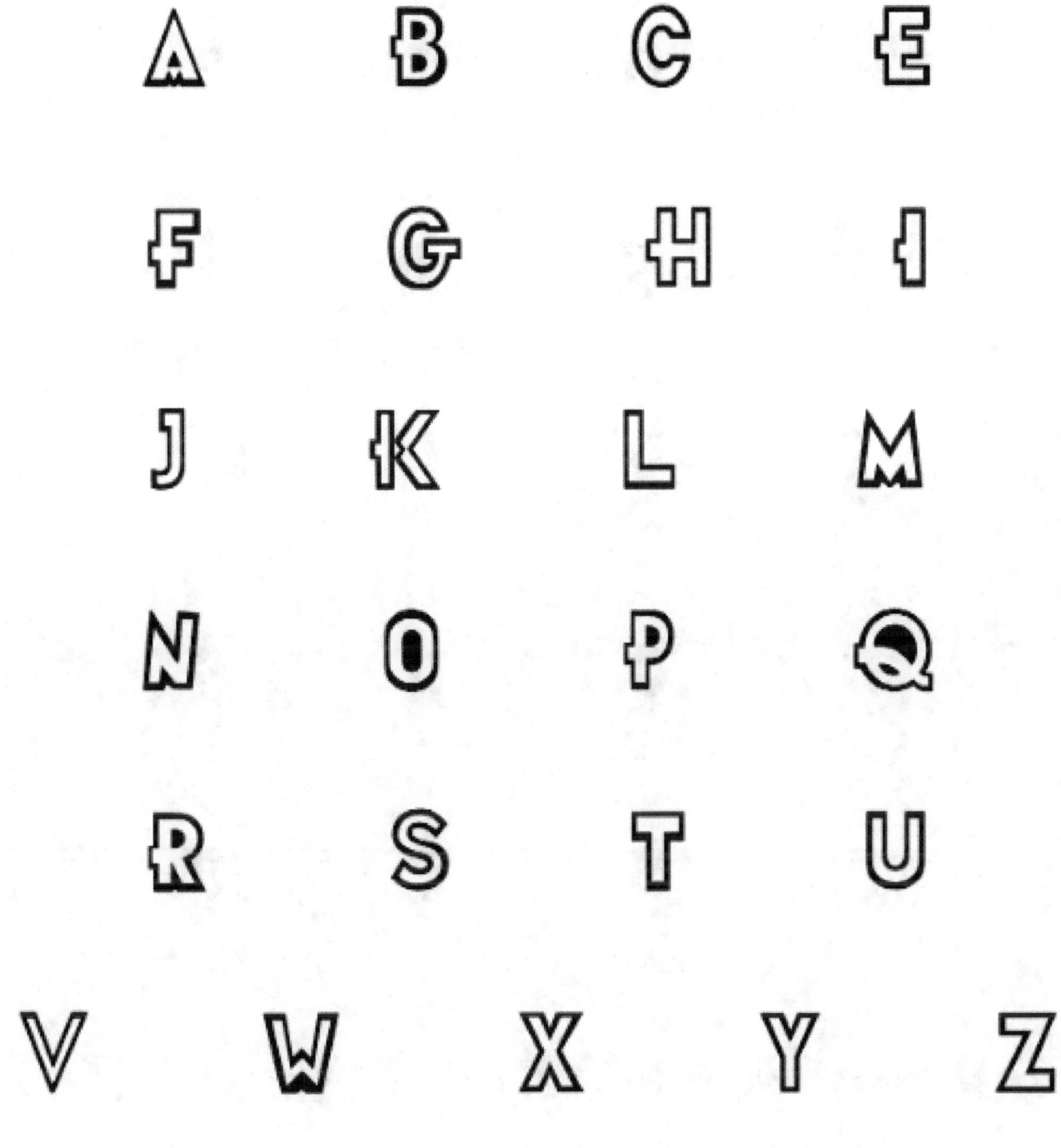

a b c e

f g h i

j k l m

n o p q

r s t u

v w x y z

A B C E

F G H I

J K L M

N O P Q

R S T U

V W X Y Z

A   B   C   E

F   G   H   I

J   K   L   M

N   O   P   Q

R   S   T   U

V   W   X   Y   Z

a b c e

f g h i

j k l m

n o p q

r s t u

v w x y z

A B C E

F G H I

J K L M

N O P Q

R S T U

V W X Y Z

A B C E

F G H I

J K L M

N O P Q

R S T U

V W X Y

Z

A B C E

F G H I

J K L M

N O P Q

R S T U

V W X Y

Z

A B C E

F G H I

J K L M

N O P Q

R S T U

V W X Y Z

a b c e

f g h i

j k l m

n o p q

r s t u

v w x y z

A B C E

F G H I

J K L M

N O P Q

R S T U

V W X Y Z

A B C E

F G H i

J K L M

N O P Q

R S T U

V W X Y Z

A B C E

F G H I

J K L M

N O P Q

R S T U

V W X Y Z

A B C E

F G H I

J K L M

N O P Q

R S T U

V W X Y Z

a b c e

f g h i

j k l m

n o p q

r s t u

v w x y z

A B C E

F G H I

J K L M

N O P Q

R S T U

V W X Y Z

a   b   c   e

f   g   b   i

j   k   l   m

n   o   p   q

r   s   t   u

v   w   x   y   3

A   B   C   E

F   G   H   J

J   K   L   M

N   O   P   Q

R   S   T   U

V   W   X   Y   Z

A$_1$	B$_3$	C$_3$	E$_1$
F$_4$	G$_2$	H$_4$	I$_1$
J$_8$	K$_5$	L$_1$	M$_3$
N$_1$	O$_1$	P$_3$	Q$_{10}$
R$_1$	S$_1$	T$_1$	U$_1$
V$_4$	W$_4$	X$_8$	Y$_4$	Z$_{10}$

A B C E
F G H I
J K L M
N O P Q
R S T U
V W X Y Z

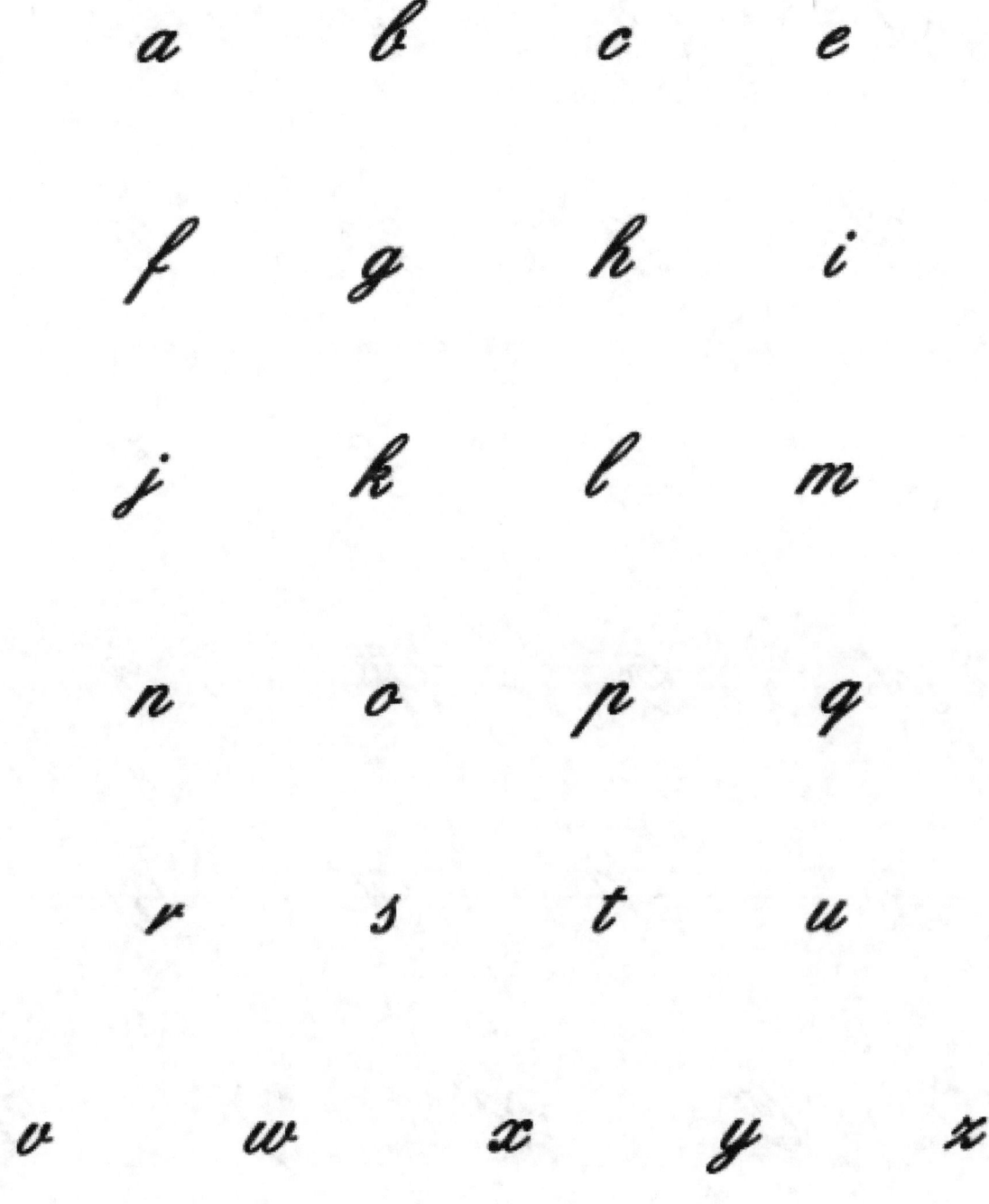

A   B   C   E

F   G   H   I

J   K   L   M

N   O   P   Q

R   S   T   U

V   W   X   Y   Z

a b c e

f g h i

j k l m

n o p q

r s t u

v w x y z

A   B   C   E

F   G   H   I

J   K   L   M

N   O   P   Q

R   S   T   U

V   W   X   Y   Z

A B C E

F G H I

J K L M

N O P Q

R S T U

V W X Y Z

A B C E

F G H I

J K L M

N O P Q

R S T U

V W X Y Z

a b c e

f g h i

j k l m

n o p q

r s t u

v w x y z

$\mathfrak{A}$ $\quad$ $\mathfrak{B}$ $\quad$ $\mathfrak{C}$ $\quad$ $\mathfrak{E}$

$\mathfrak{F}$ $\quad$ $\mathfrak{G}$ $\quad$ $\mathfrak{H}$ $\quad$ $\mathfrak{I}$

$\mathfrak{J}$ $\quad$ $\mathfrak{K}$ $\quad$ $\mathfrak{L}$ $\quad$ $\mathfrak{M}$

$\mathfrak{N}$ $\quad$ $\mathfrak{O}$ $\quad$ $\mathfrak{P}$ $\quad$ $\mathfrak{Q}$

$\mathfrak{R}$ $\quad$ $\mathfrak{S}$ $\quad$ $\mathfrak{T}$ $\quad$ $\mathfrak{U}$

$\mathfrak{V}$ $\quad$ $\mathfrak{W}$ $\quad$ $\mathfrak{X}$ $\quad$ $\mathfrak{Y}$ $\quad$ $\mathfrak{Z}$

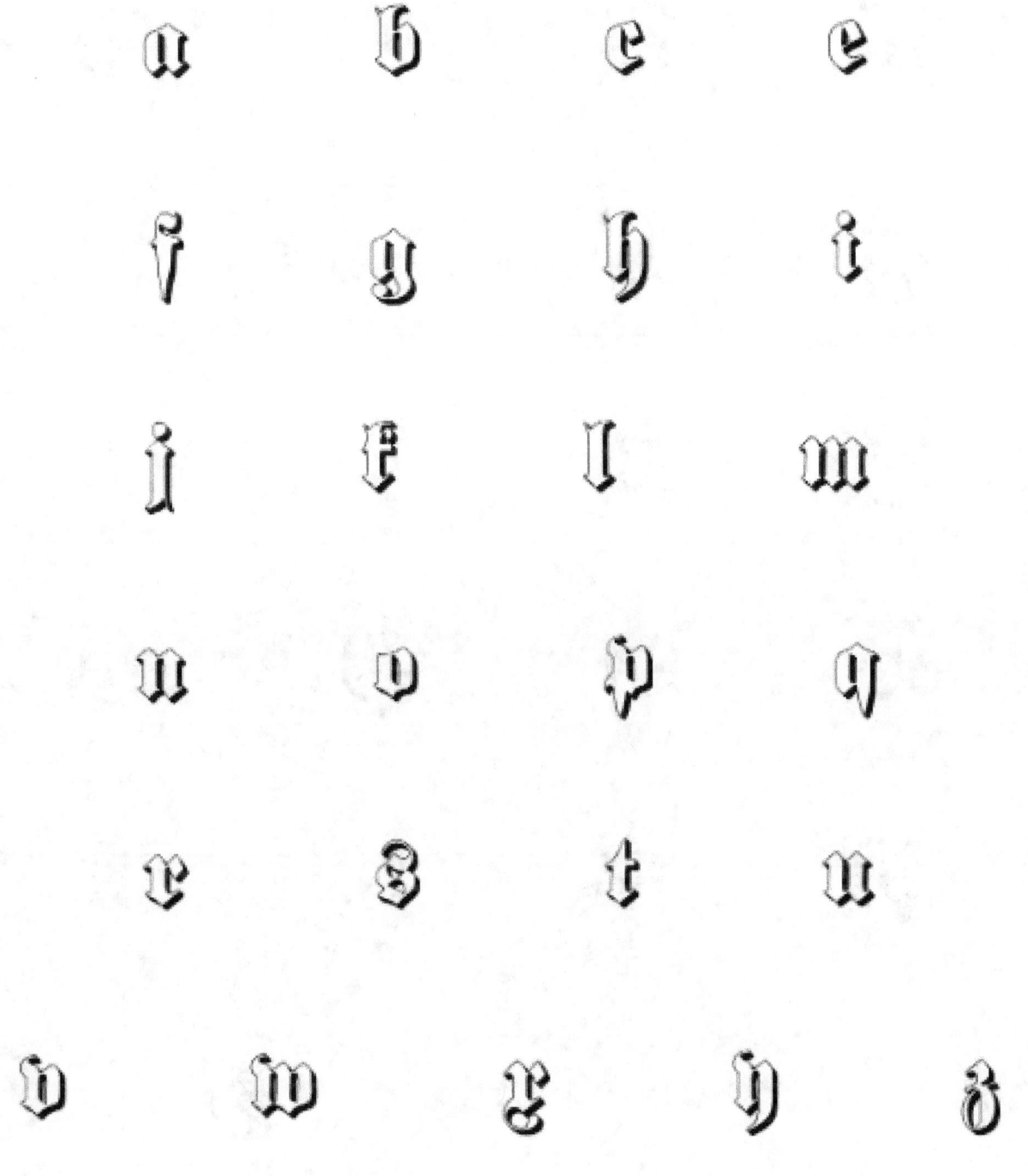

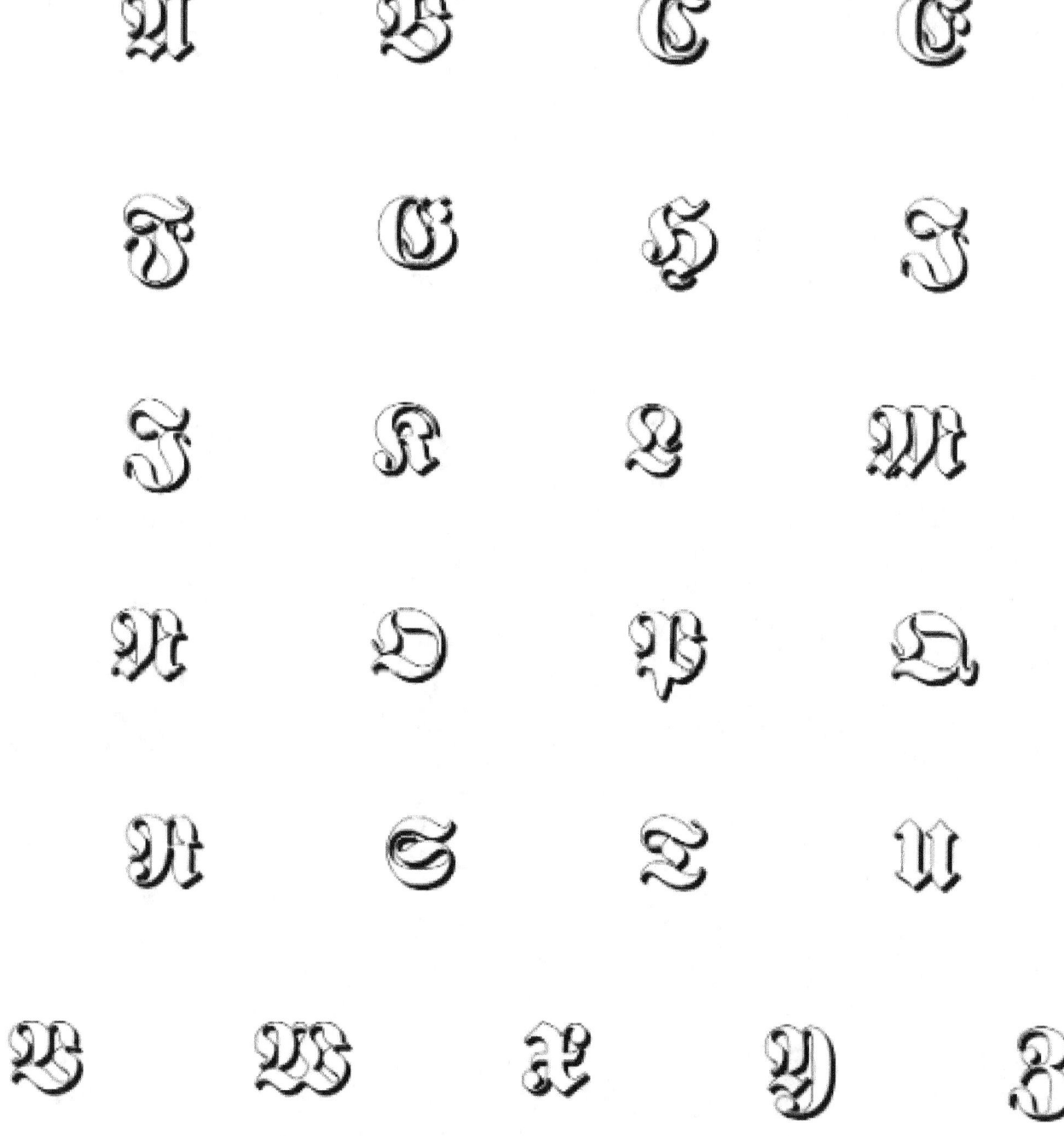

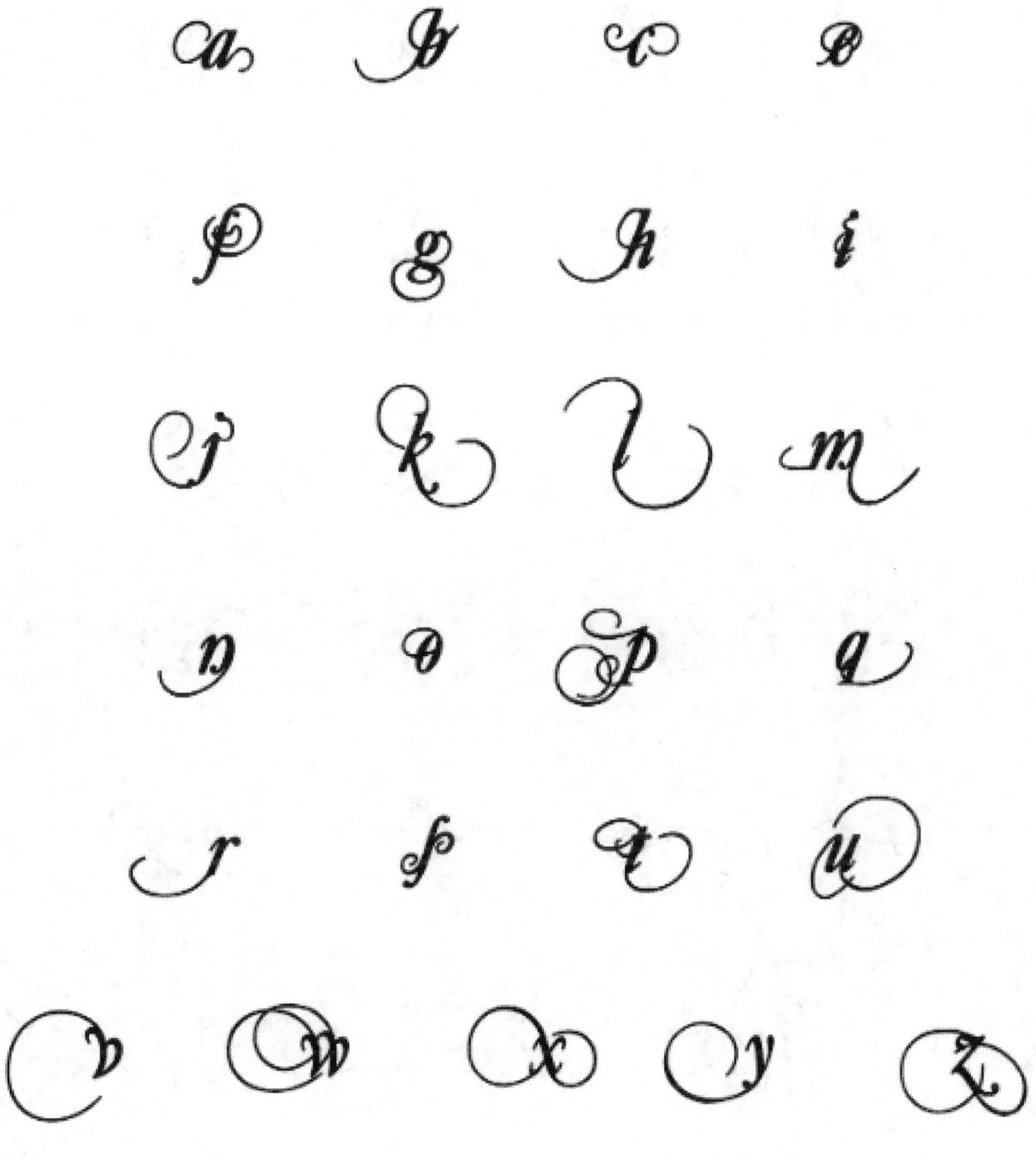

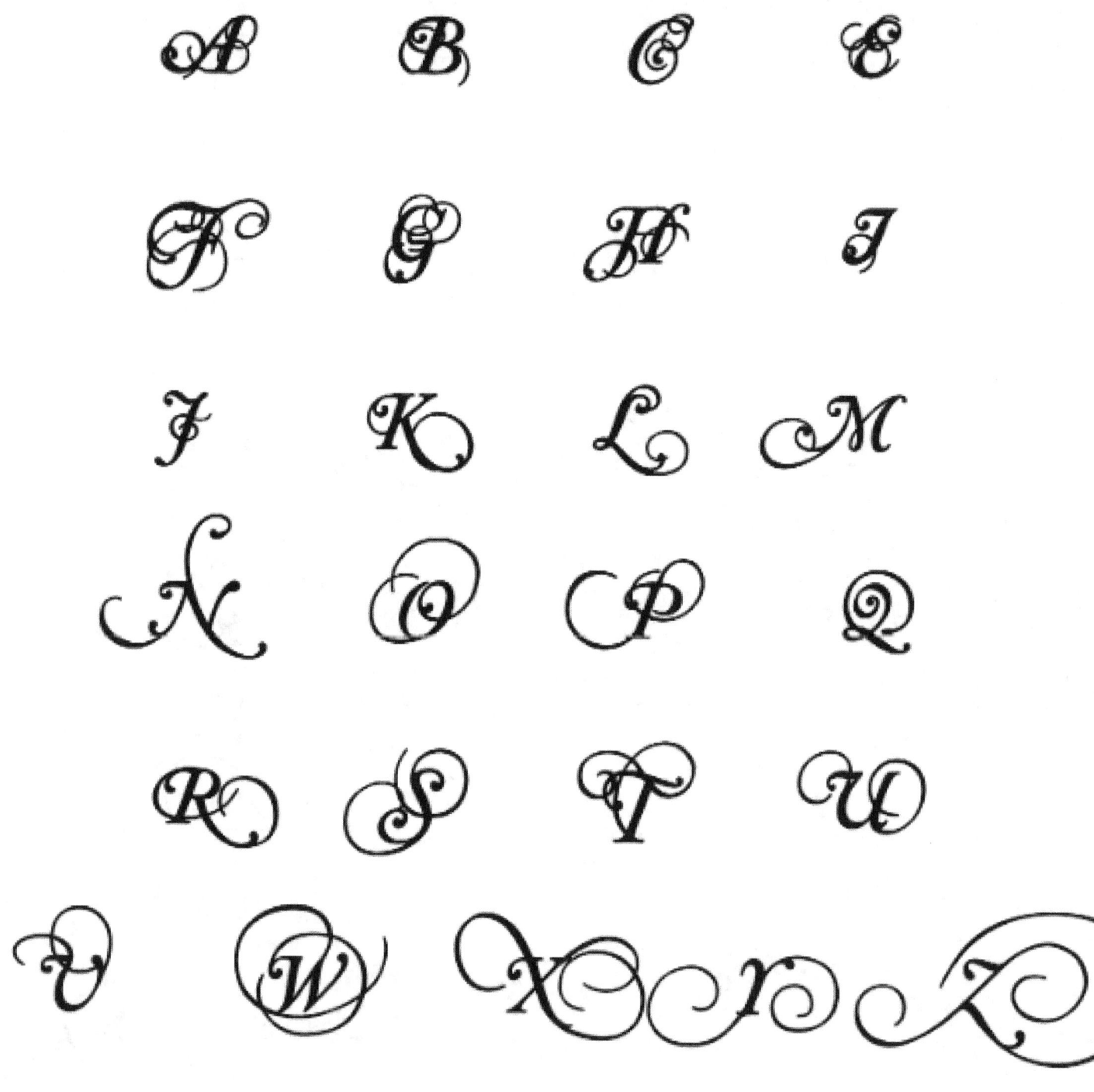

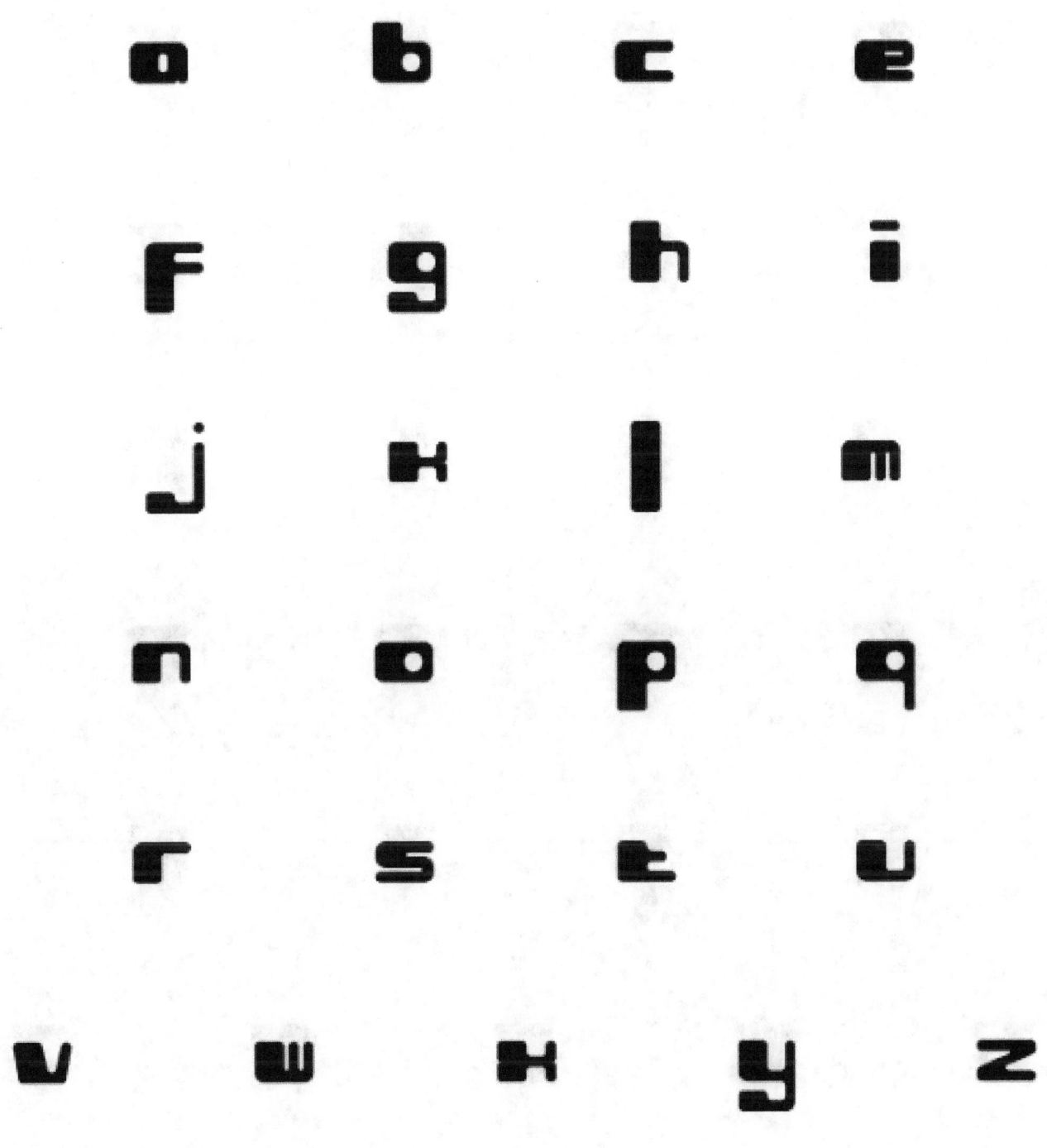

A B C E

F G H I

J K L M

N O P Q

R S T U

V W X Y Z

A B C E

F G H i

J K L M

N O P Q

R S T U

V W X Y Z

a b c e

f g h i

j k l m

n o p q

r s t u

v w x y z

A B C E

F G H I

J K L M

N O P Q

R S T U

V W X Y Z

A B C D E

F G H I

J K L M

N O P Q

R S T U

V W X Y Z

A   B   C   Ɛ

F   G   H   I

J   K   L   M

N   O   P   Q

R   S   T   U

V   W   X   Y   Z

A B C E

F G H I

J K L M

N O P Q

R S T U

V W X Y Z

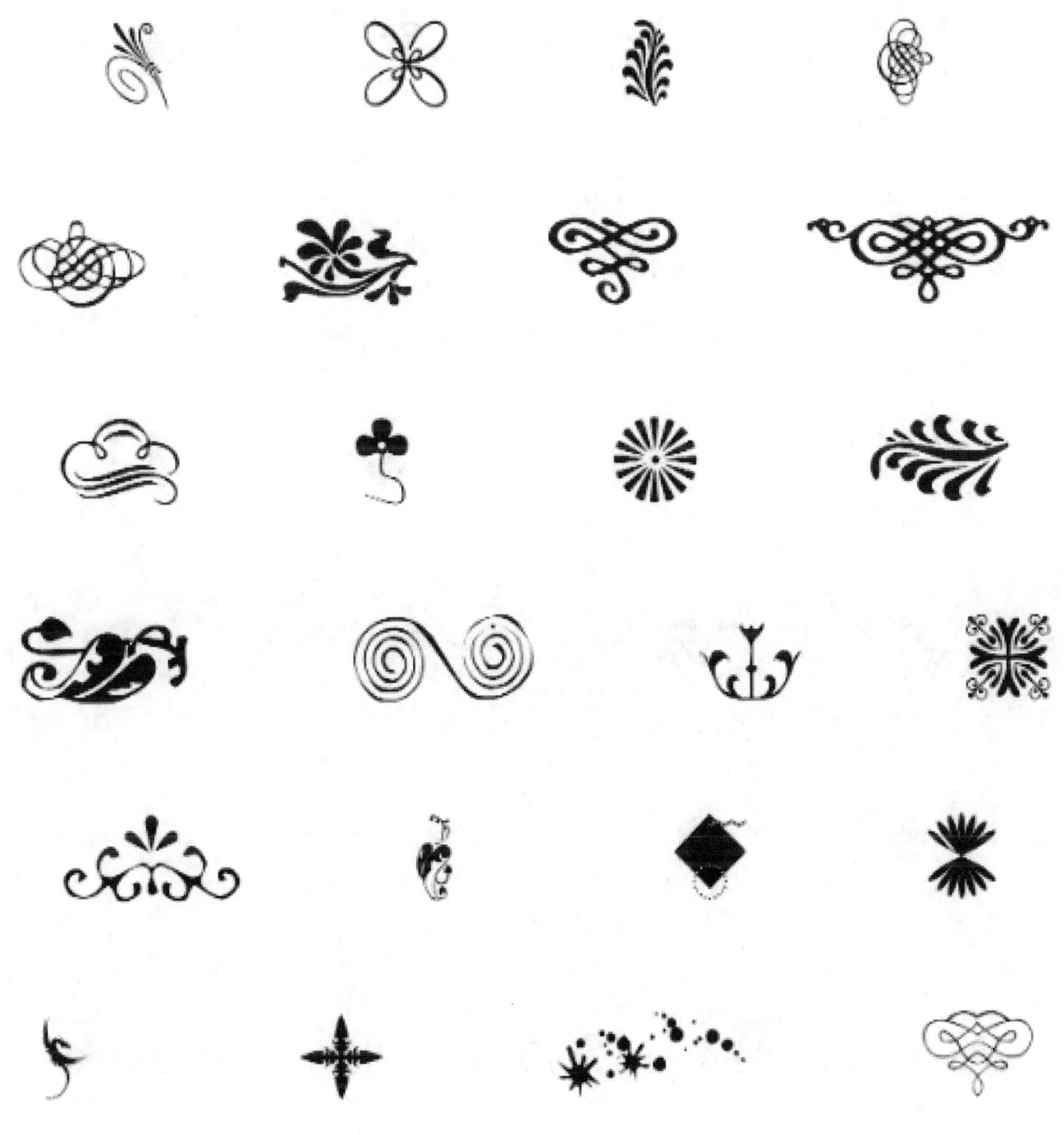

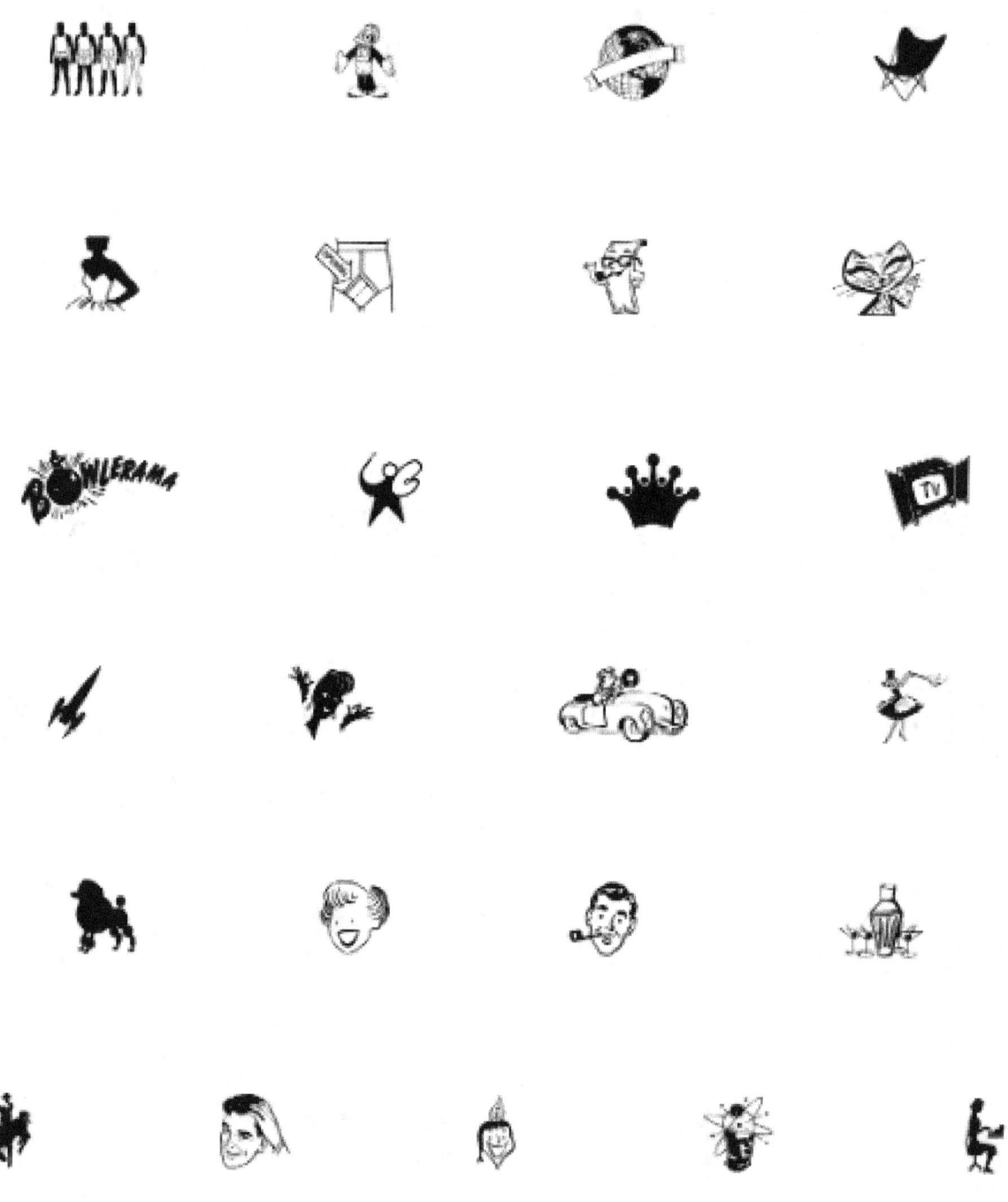

A B C E

F G H I

J K L M

N O P Q

R S T U

V W X Y Z

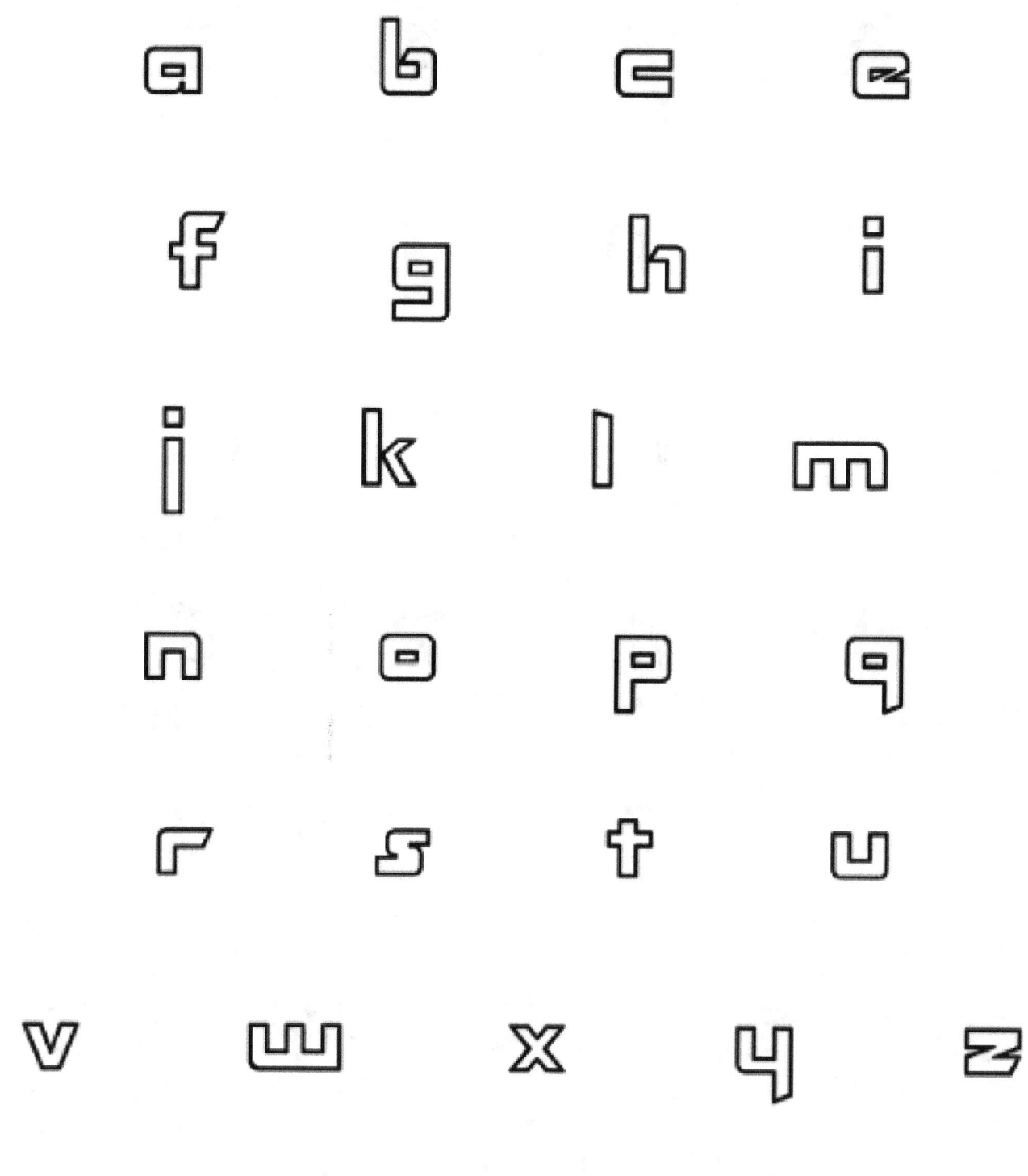

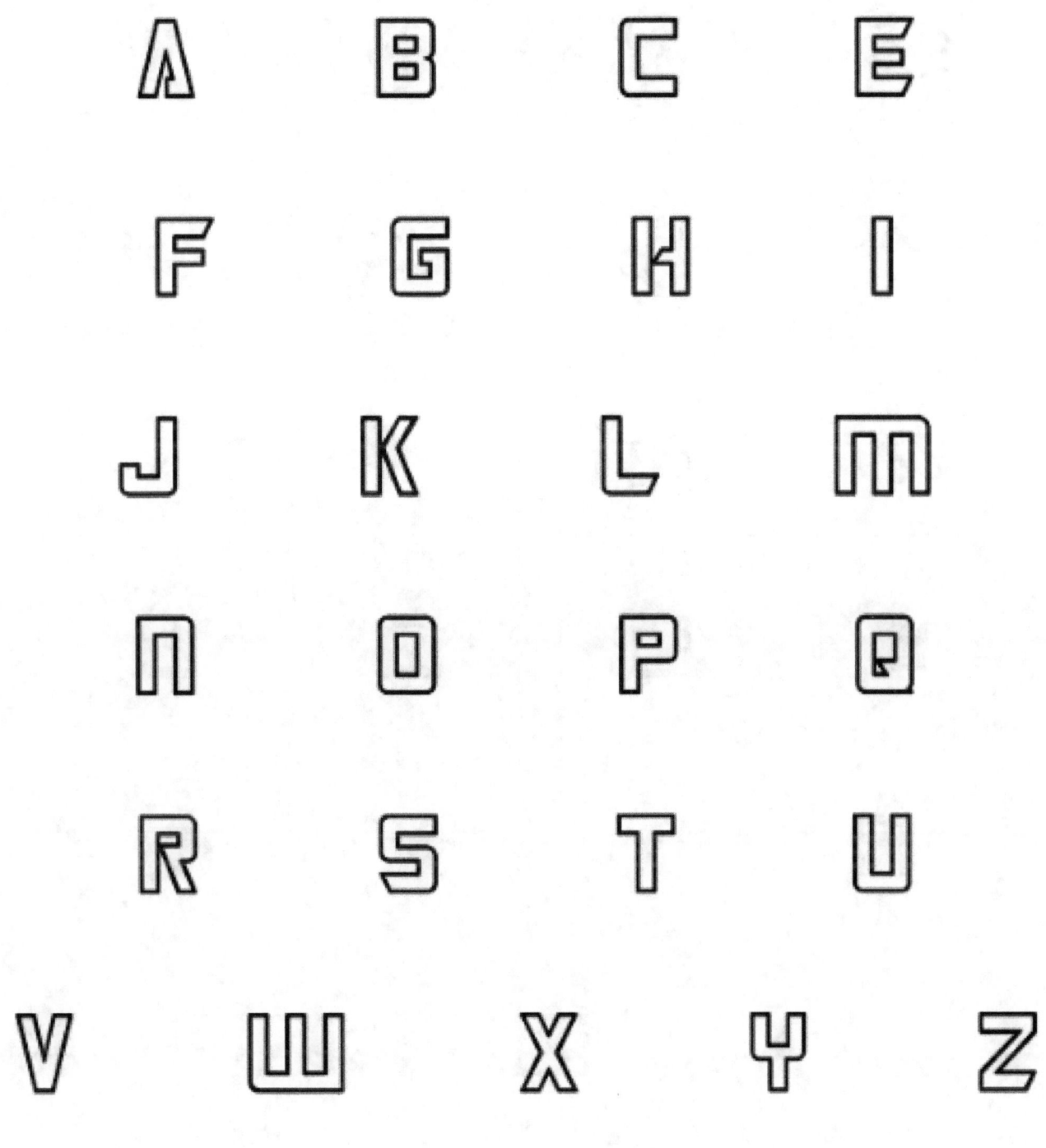

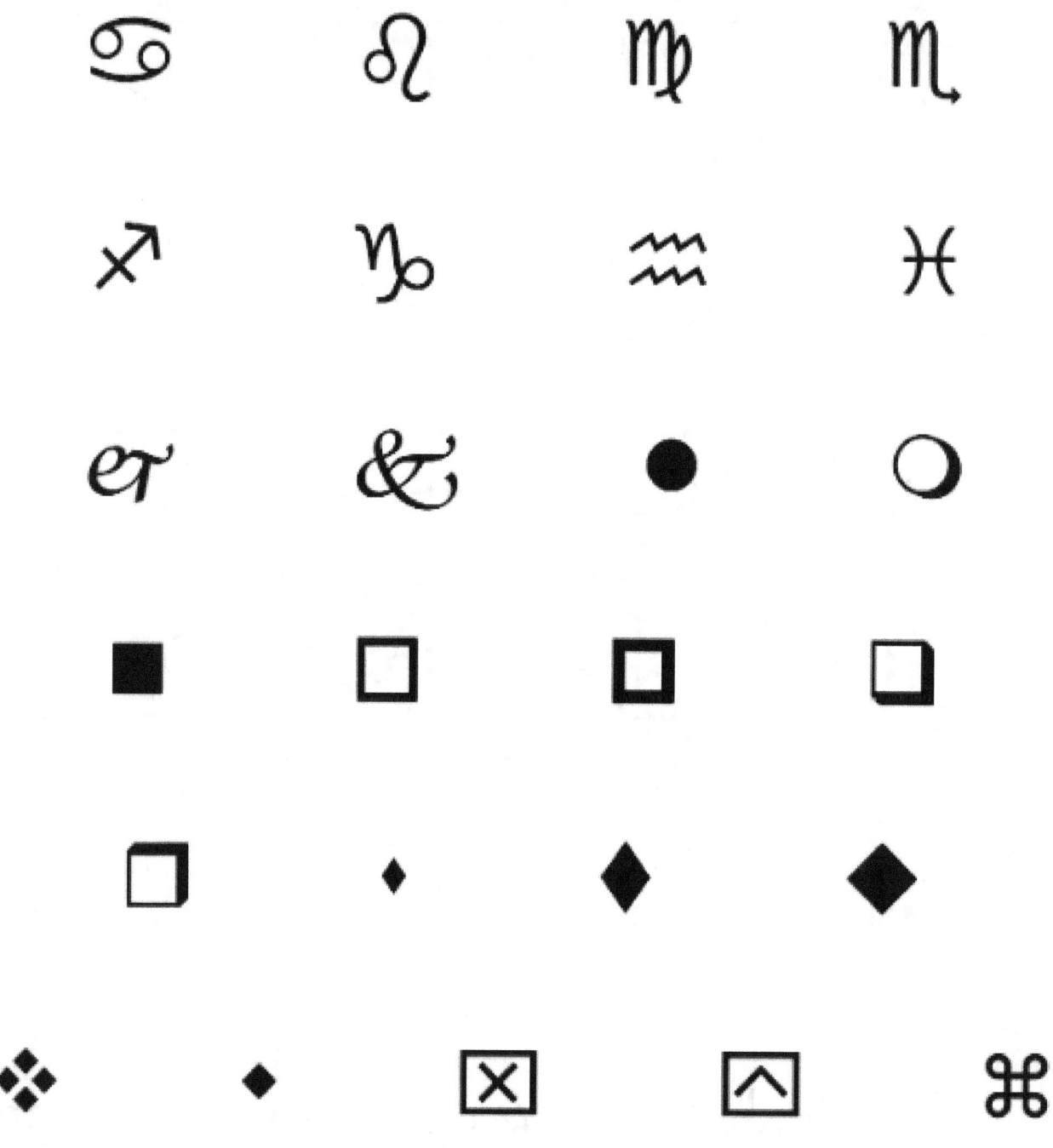

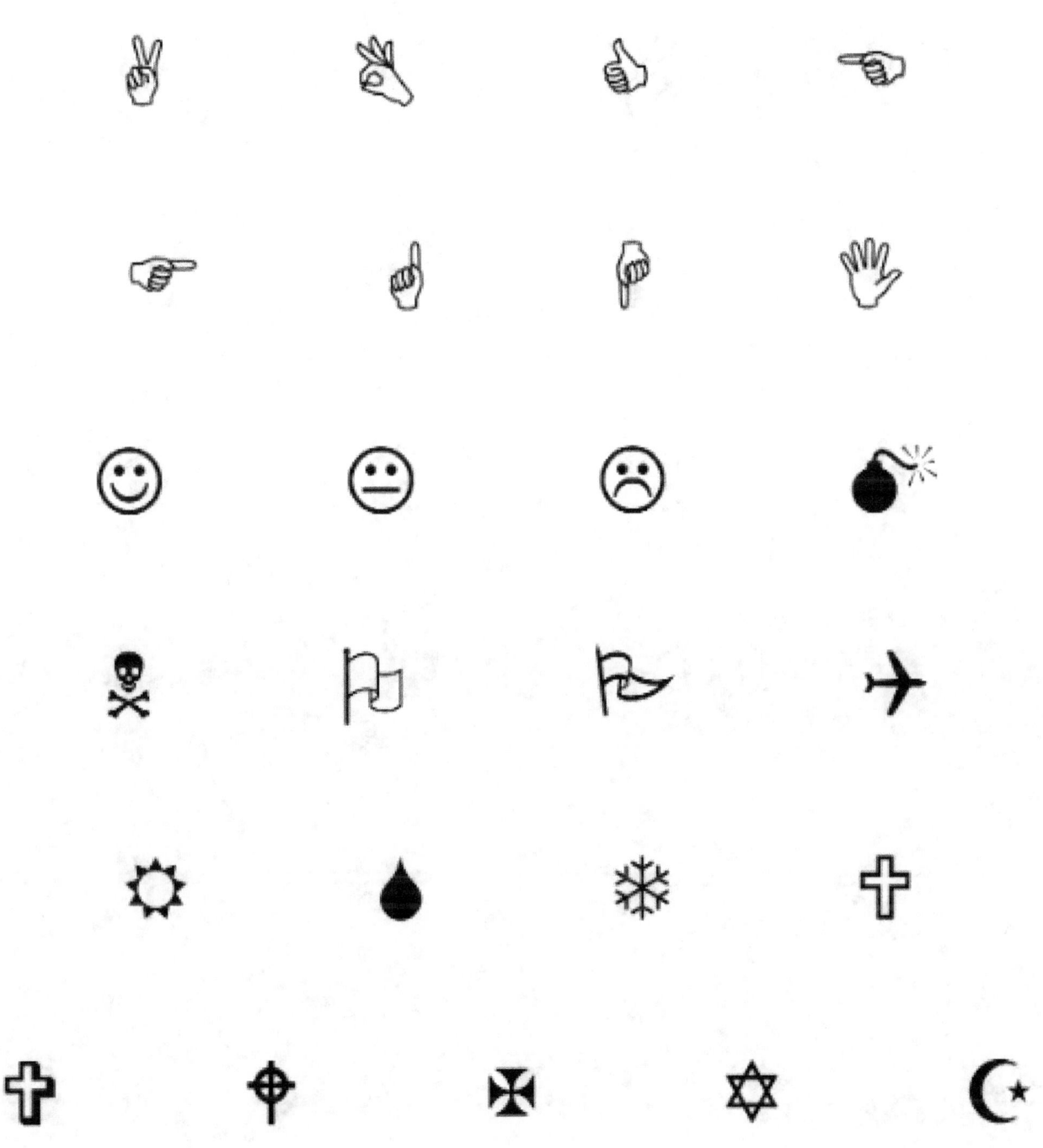

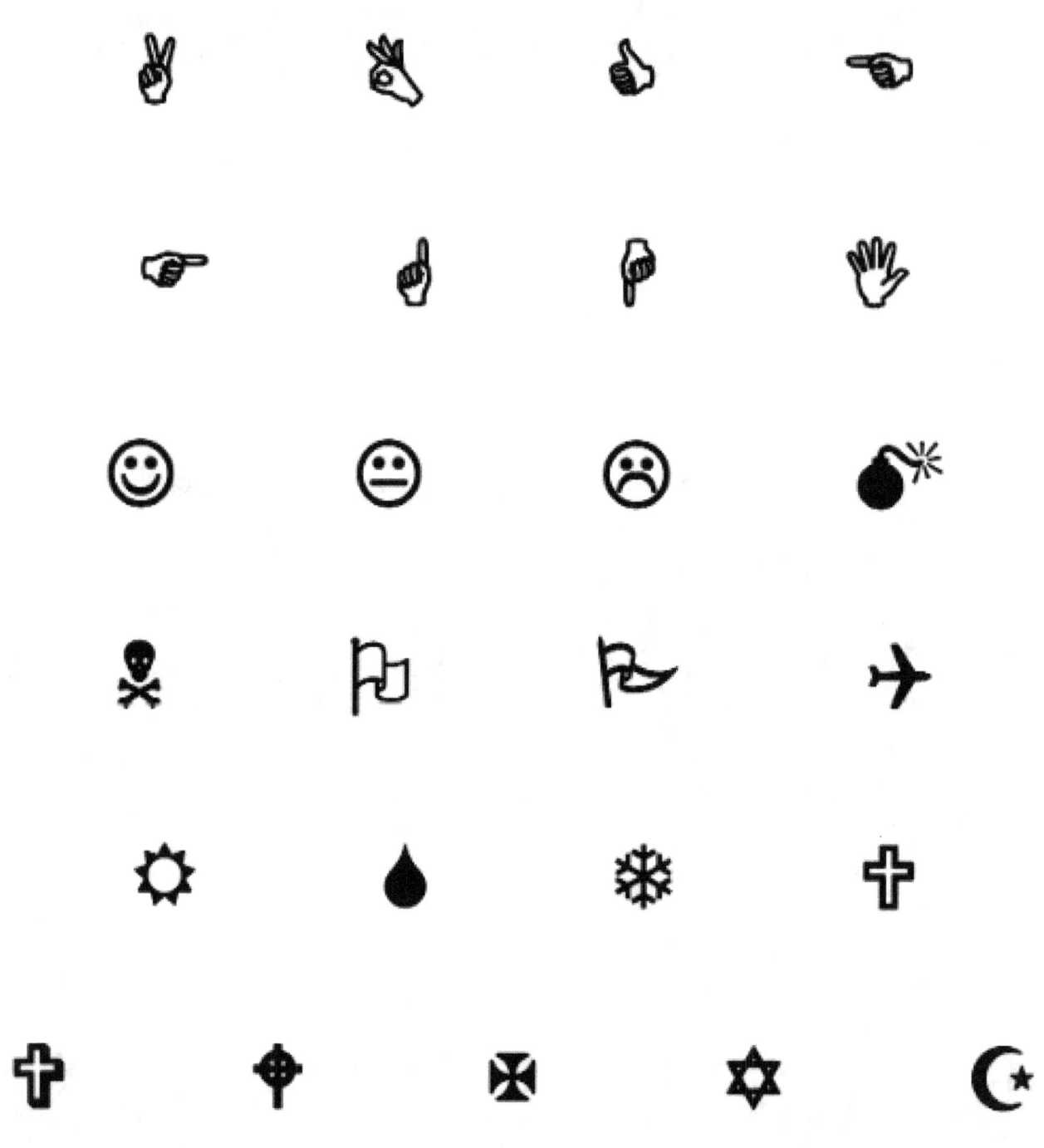

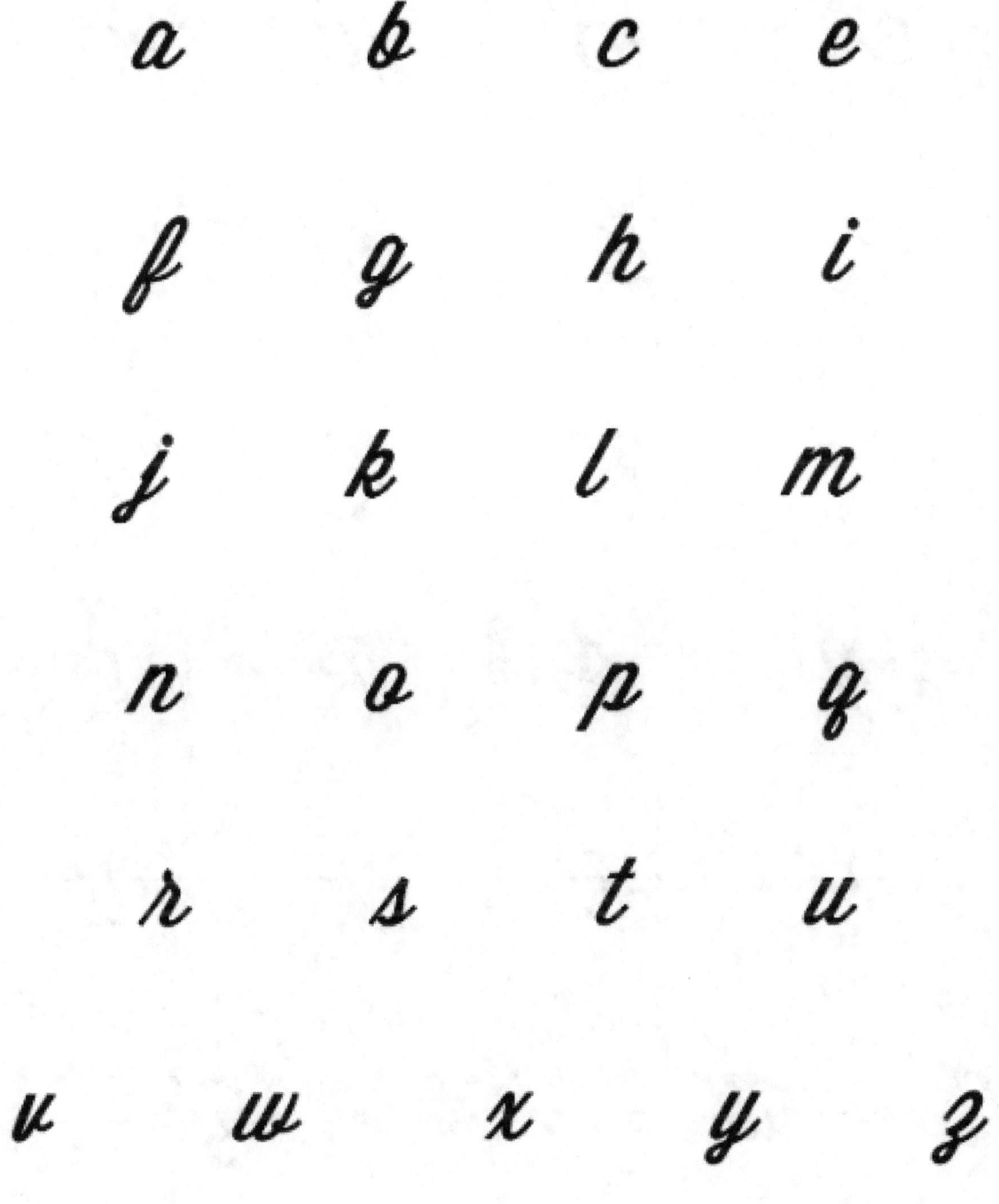

A B C E

F G H I

J K L M

N O P Q

R S T U

V W X Y Z

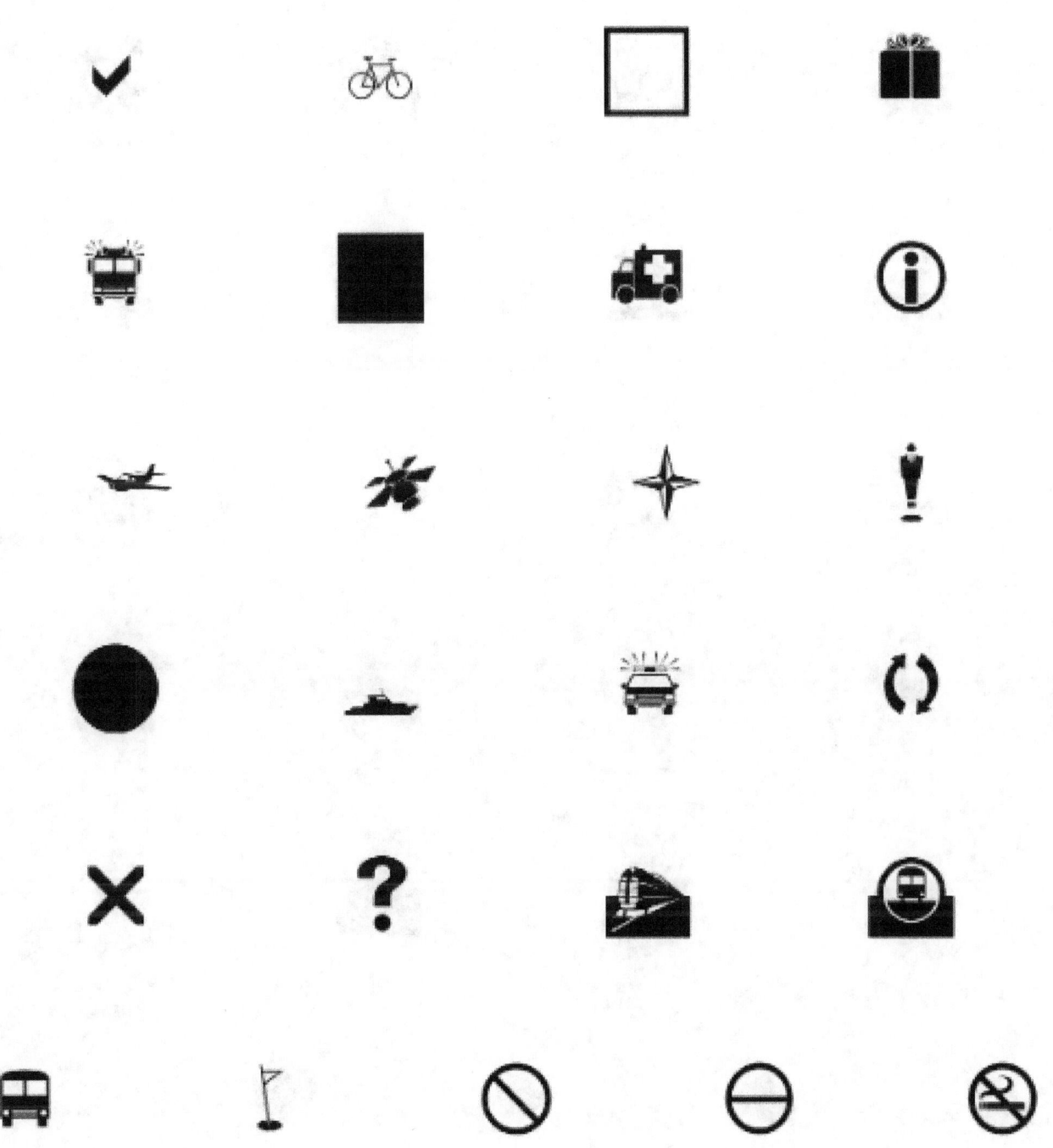

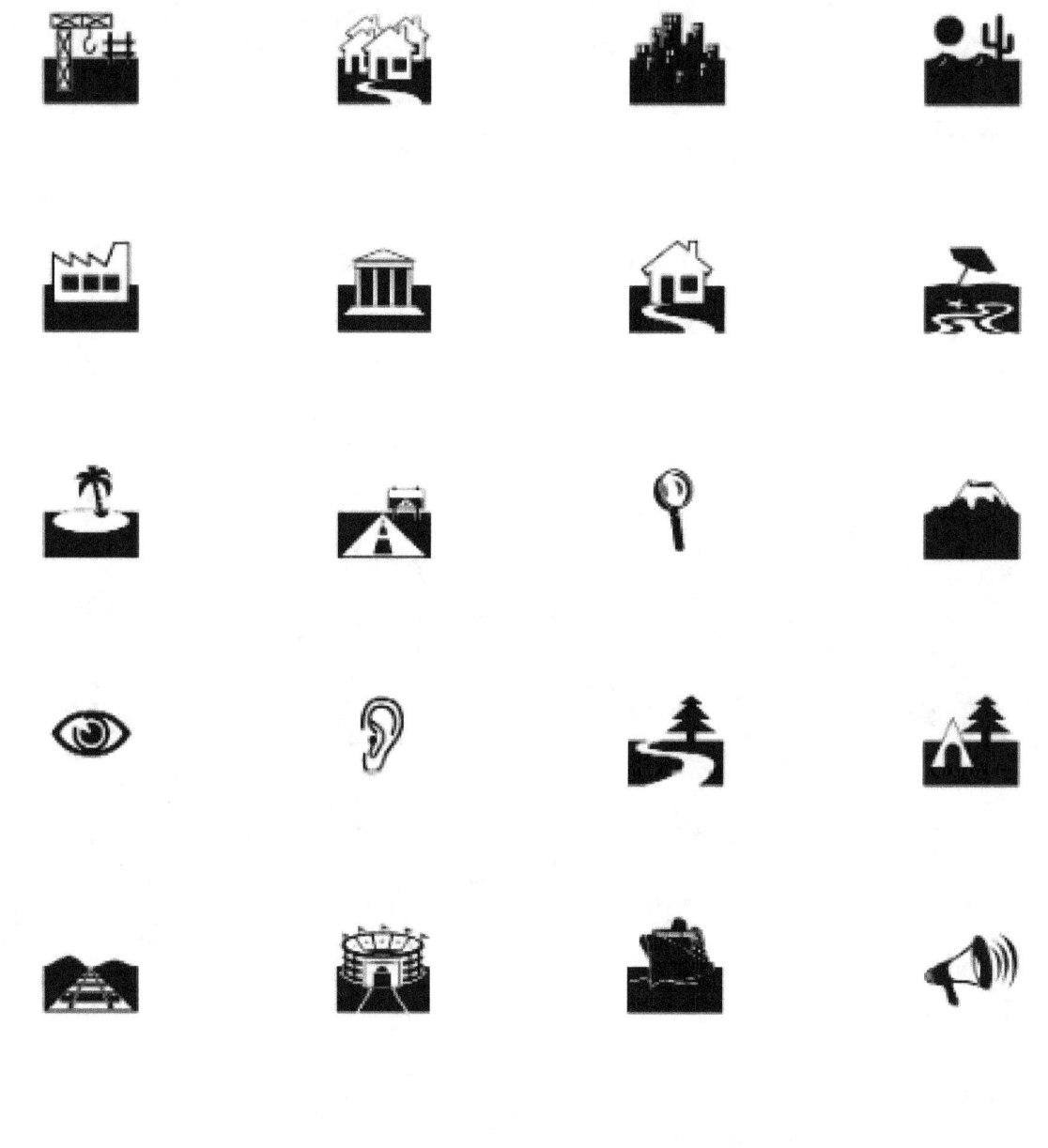

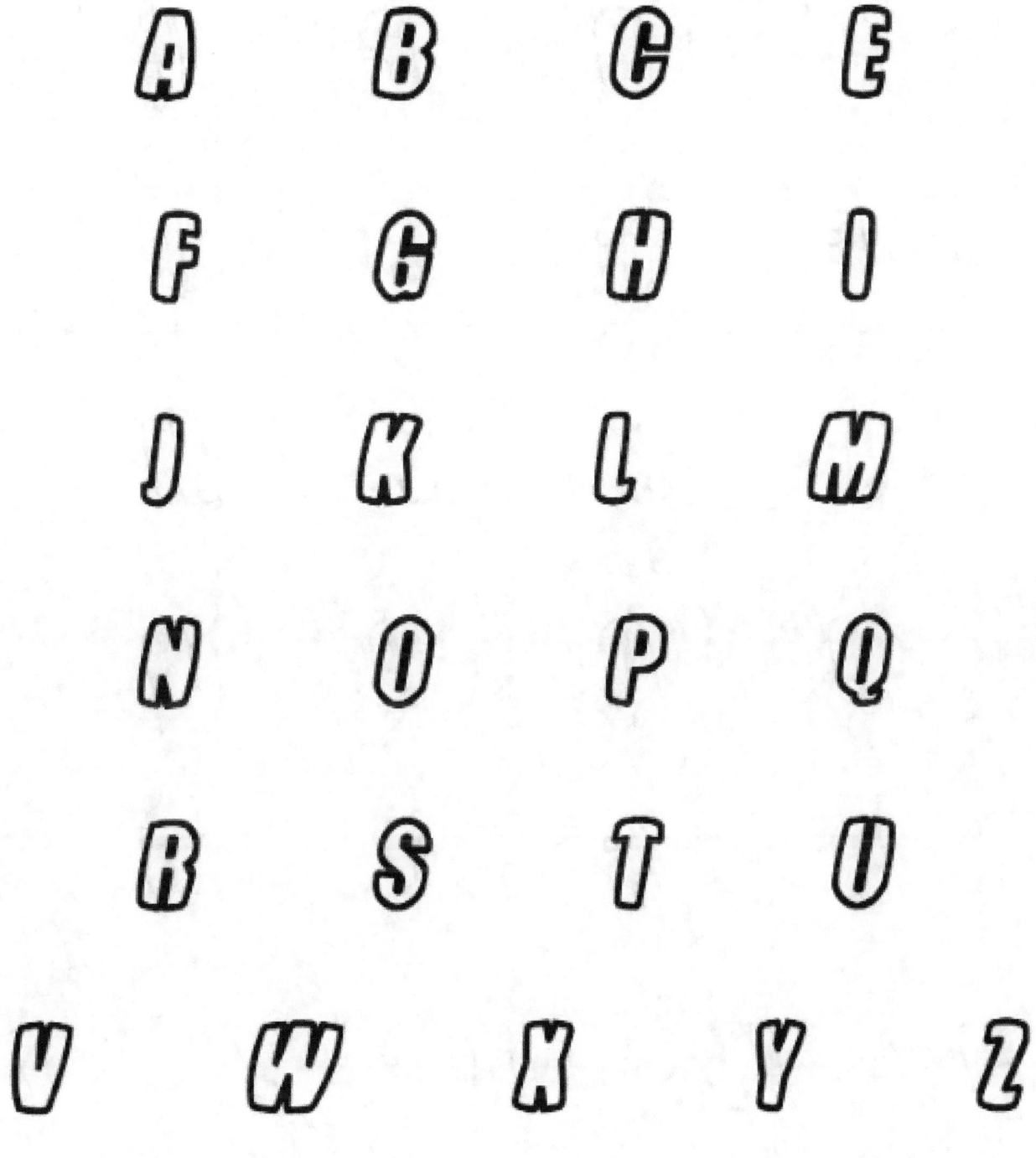

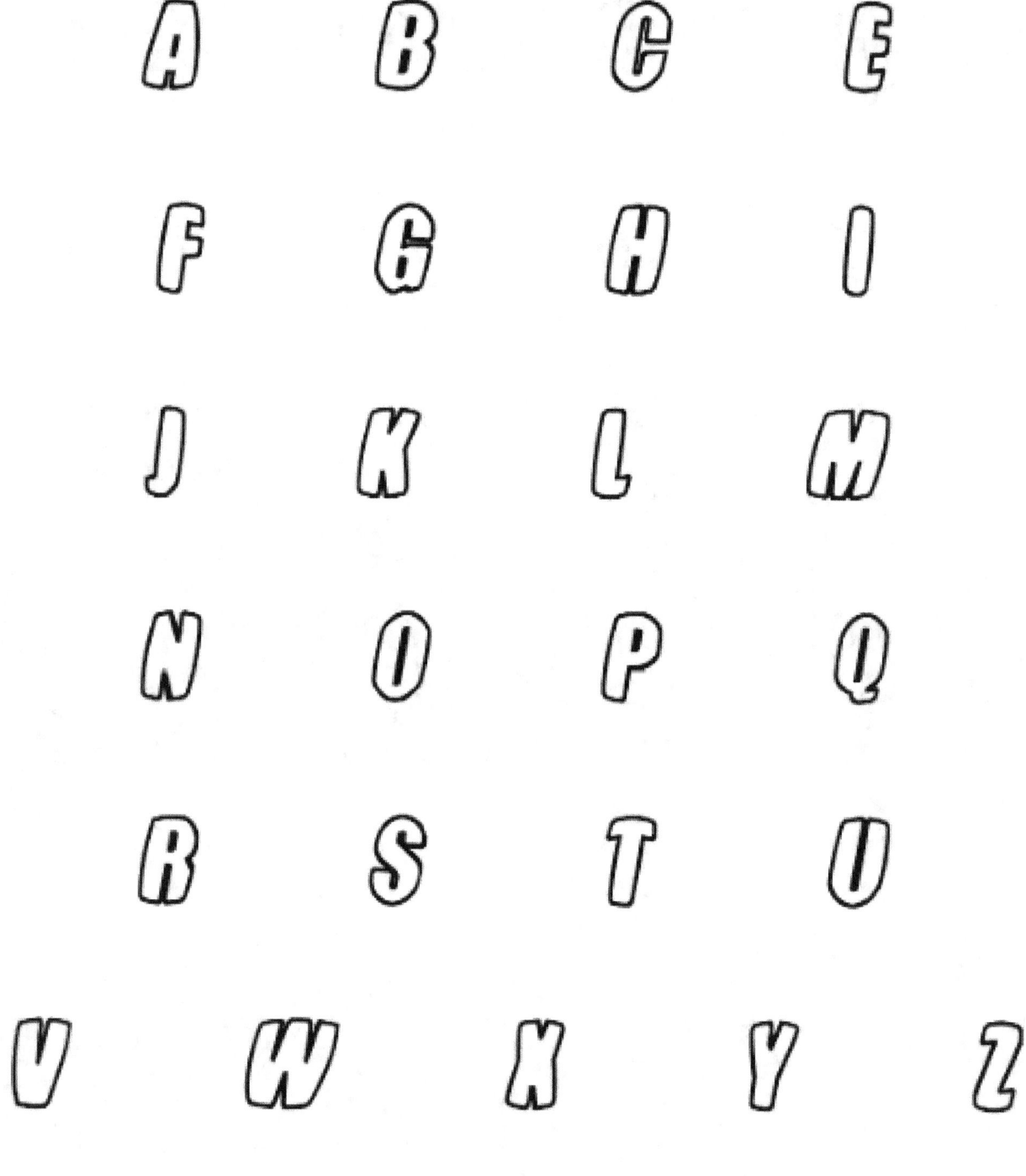

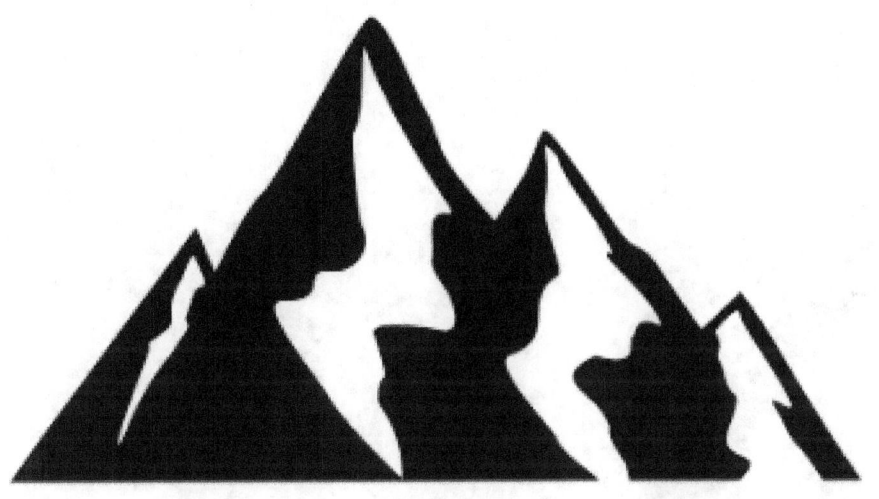

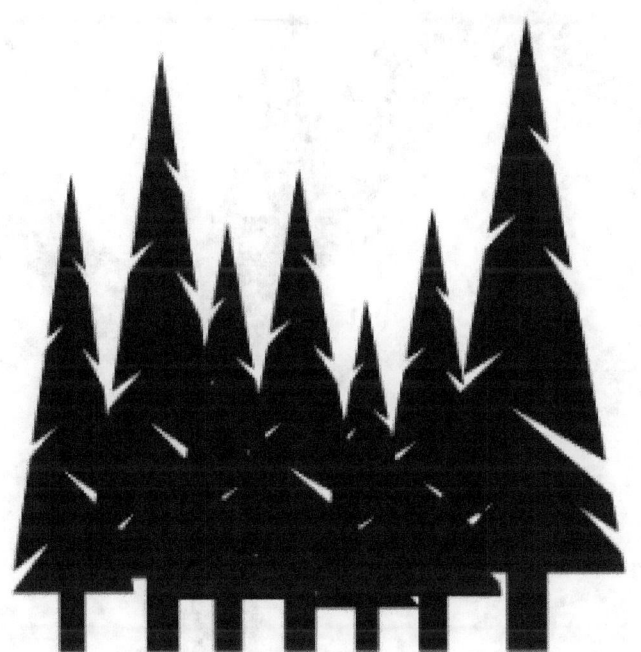

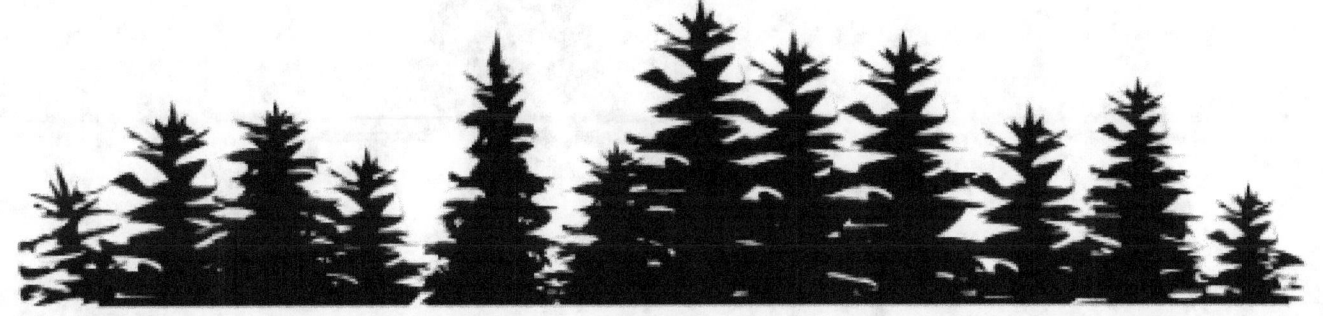

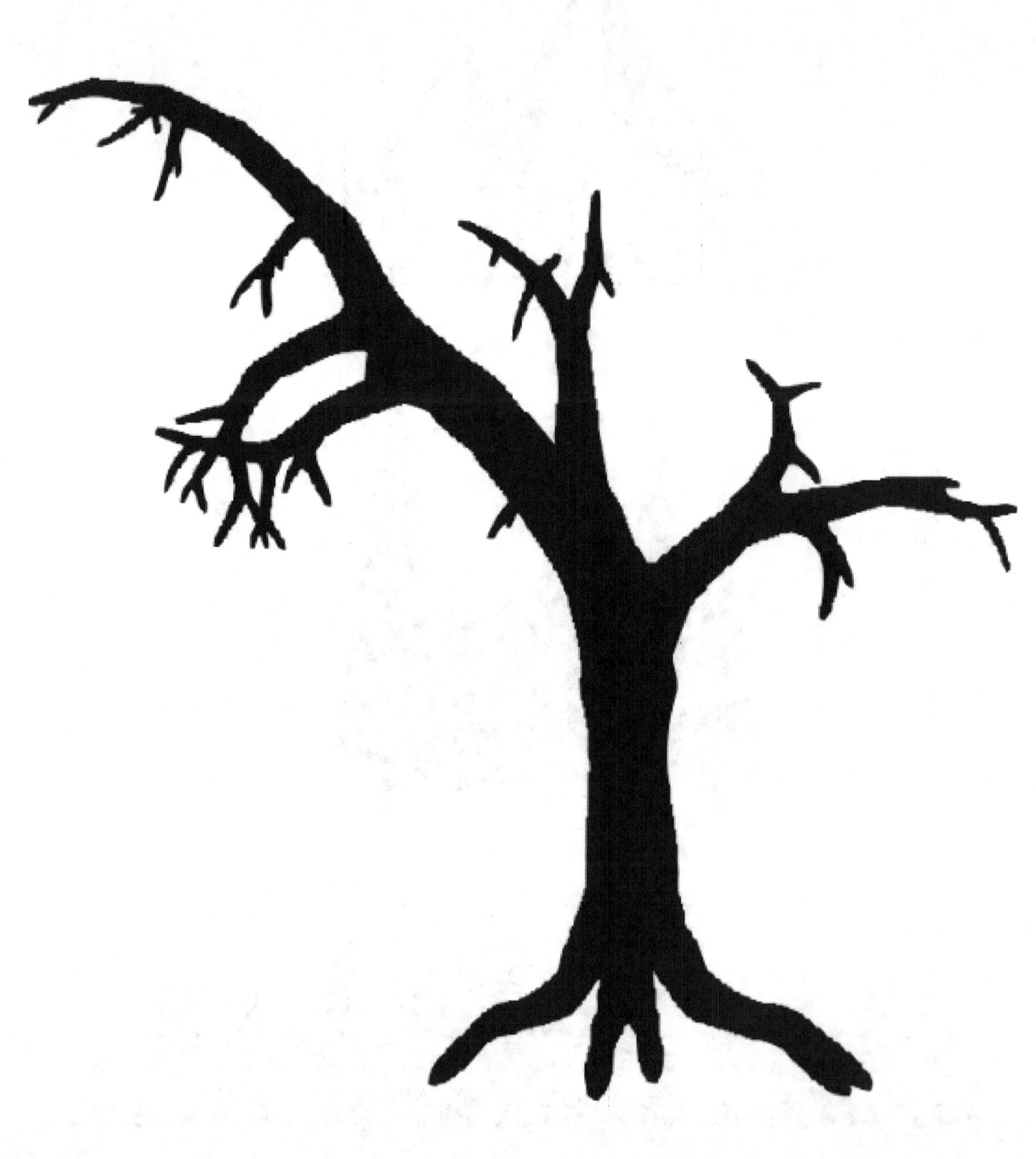

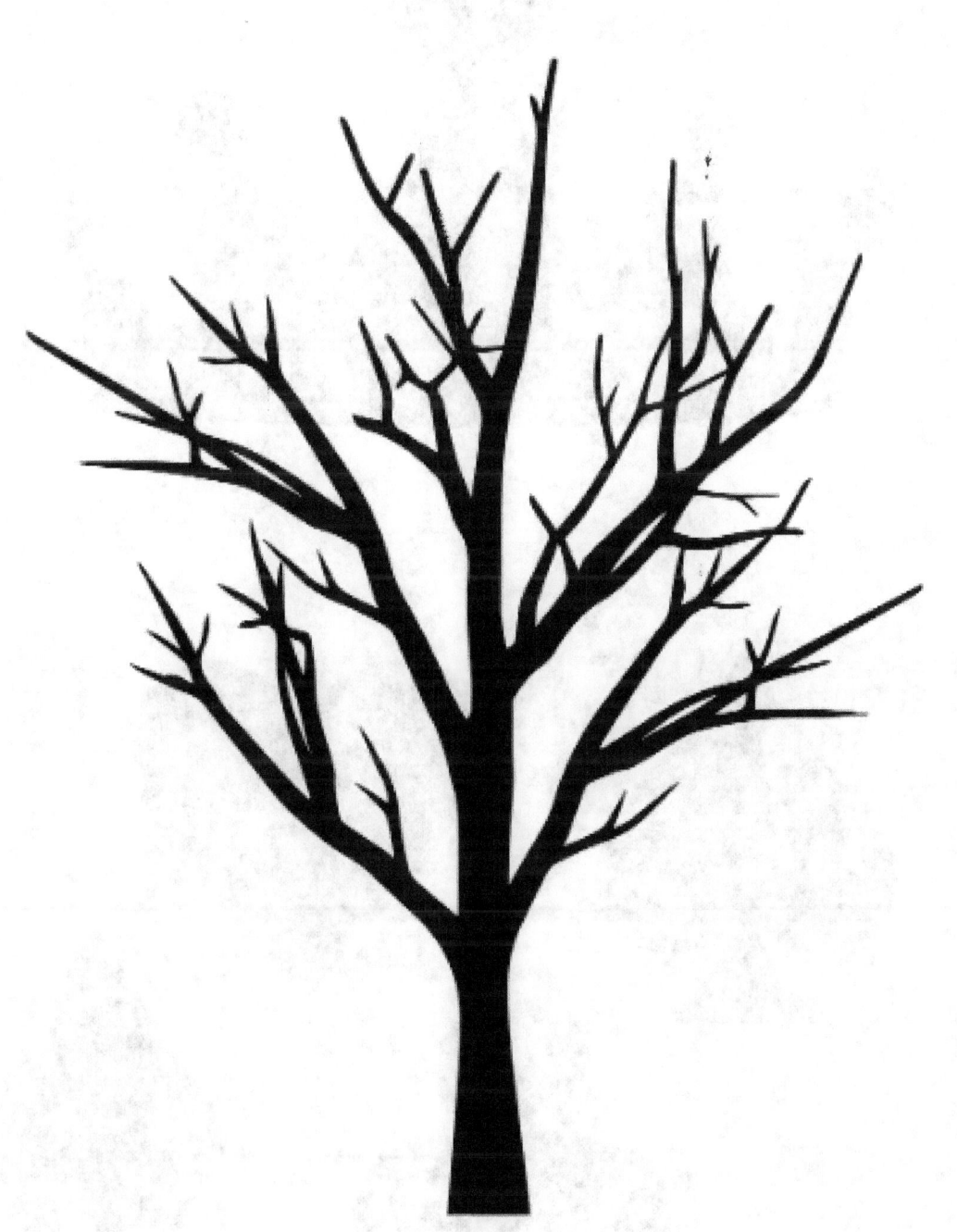

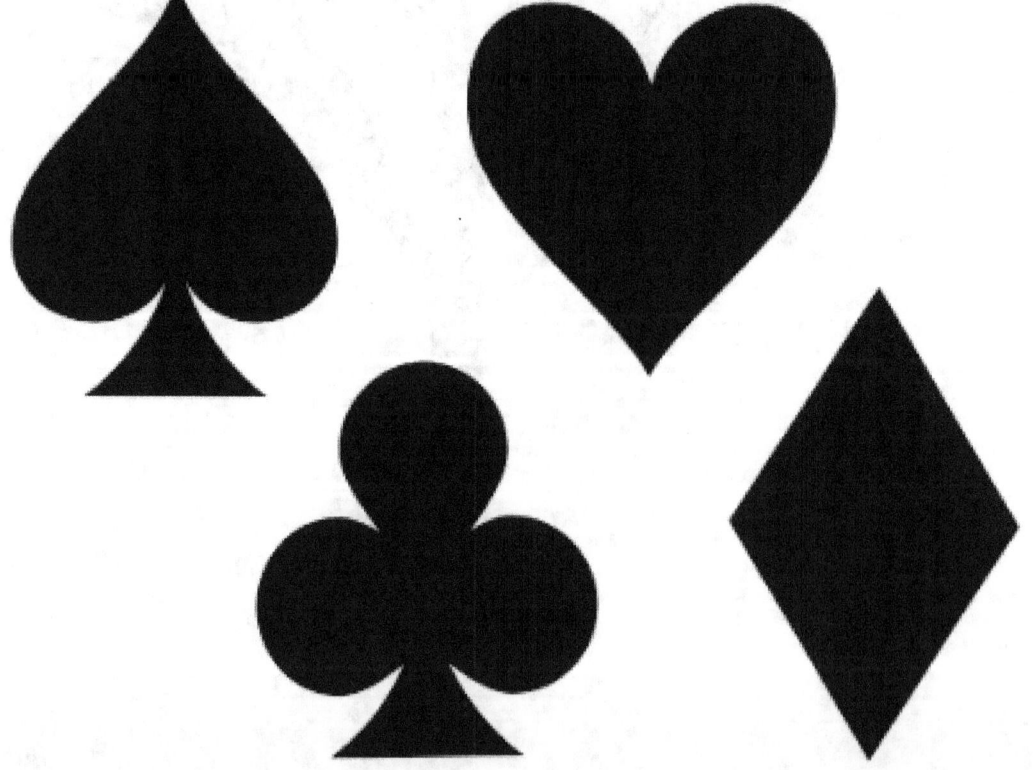

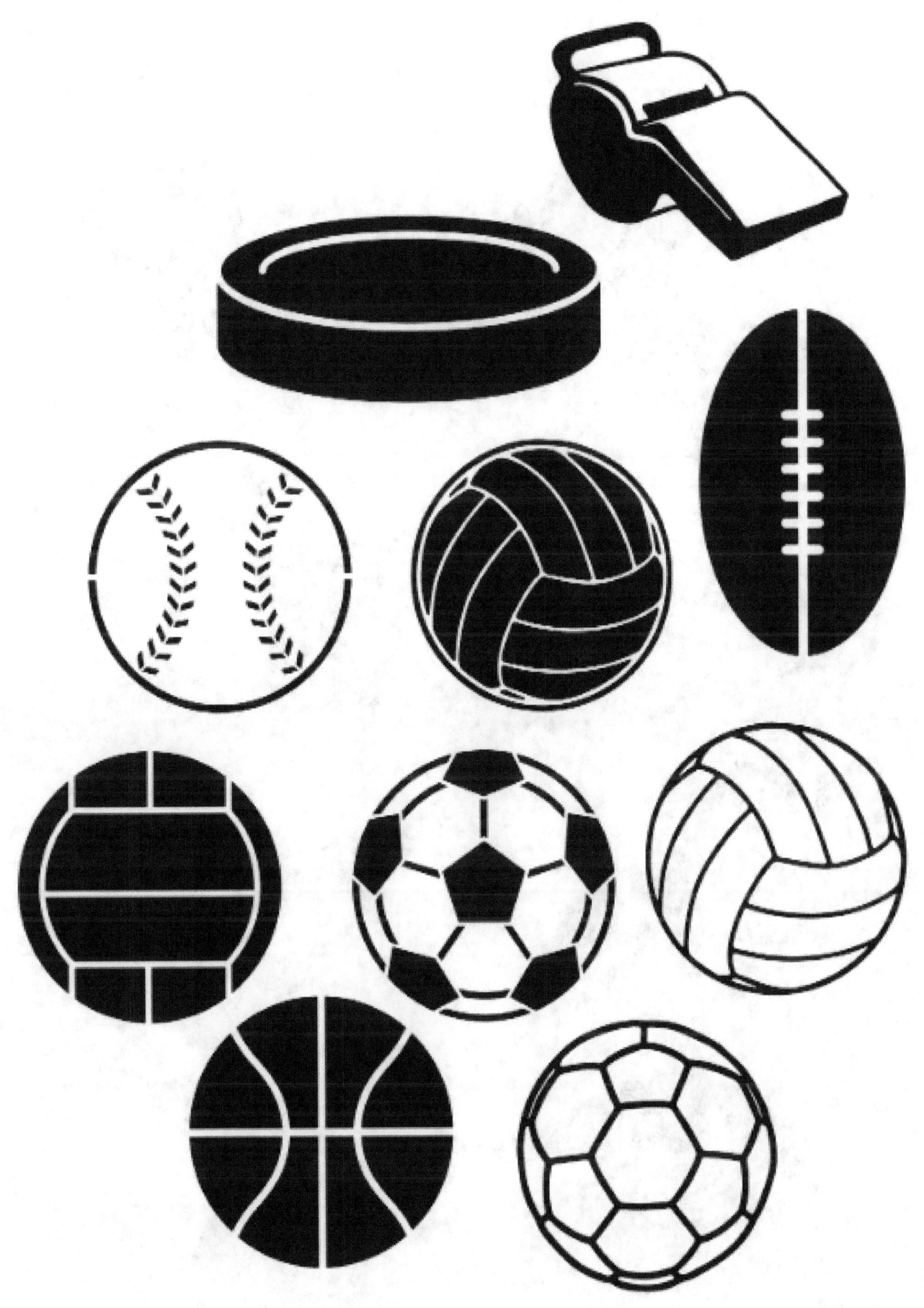

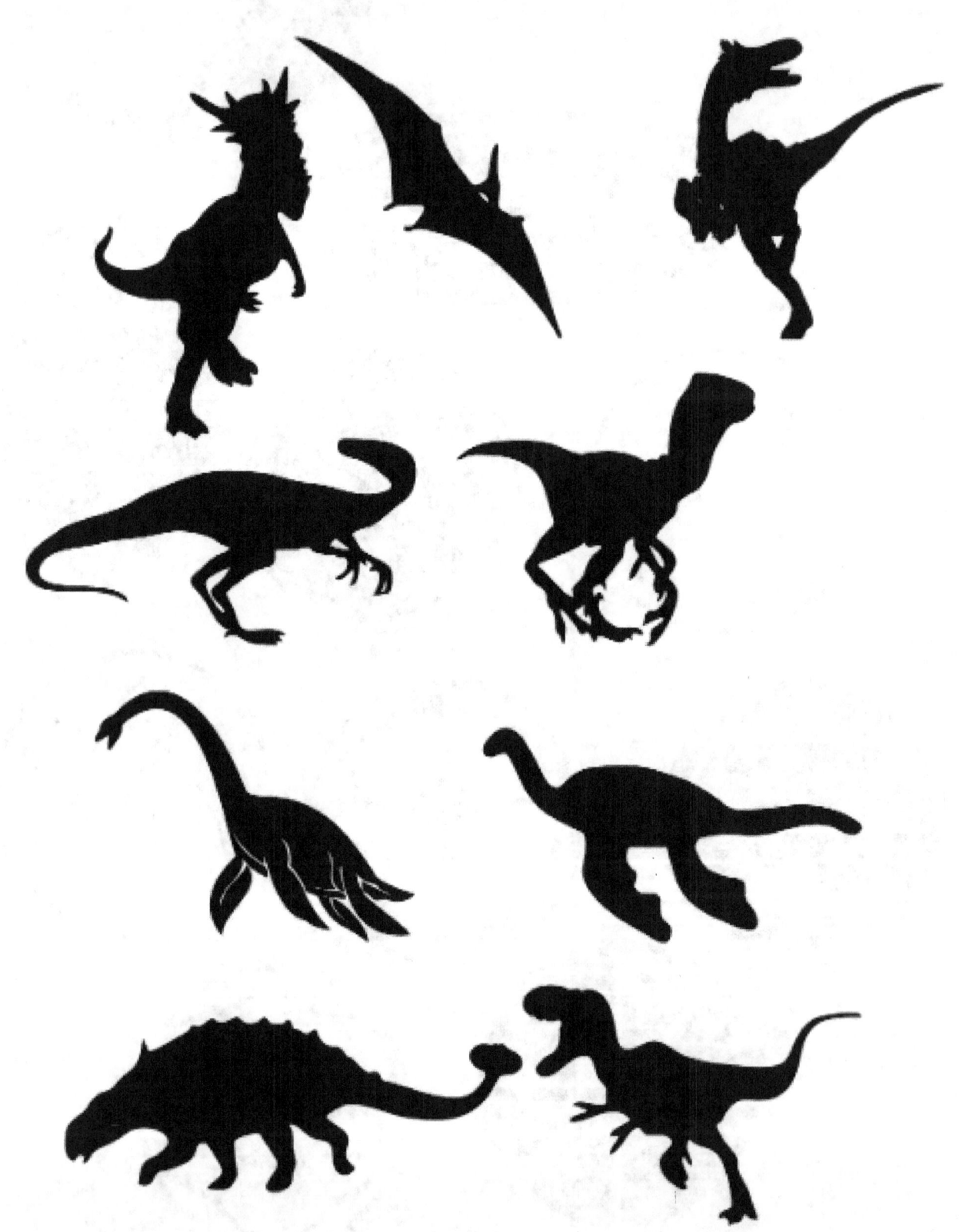

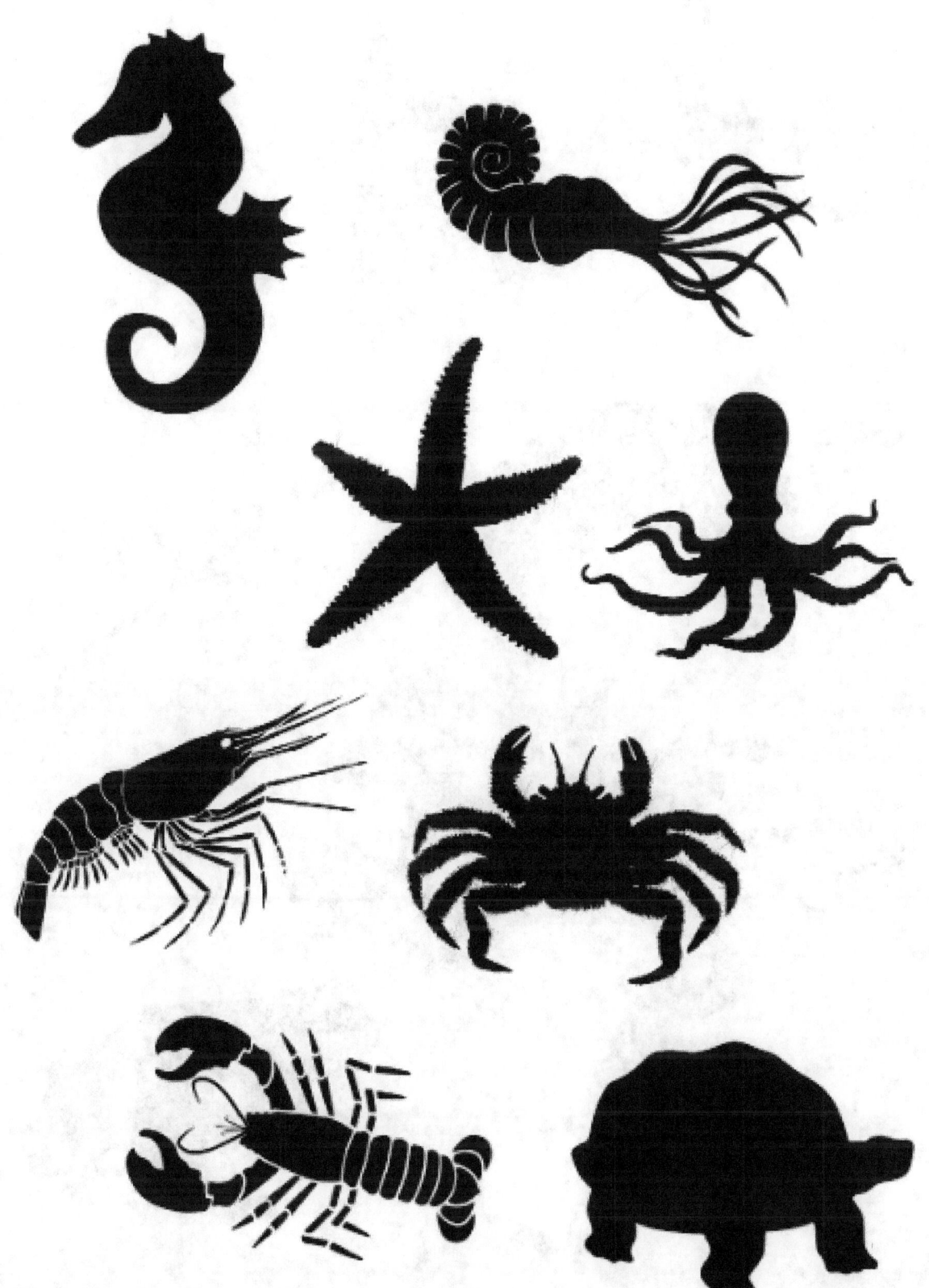

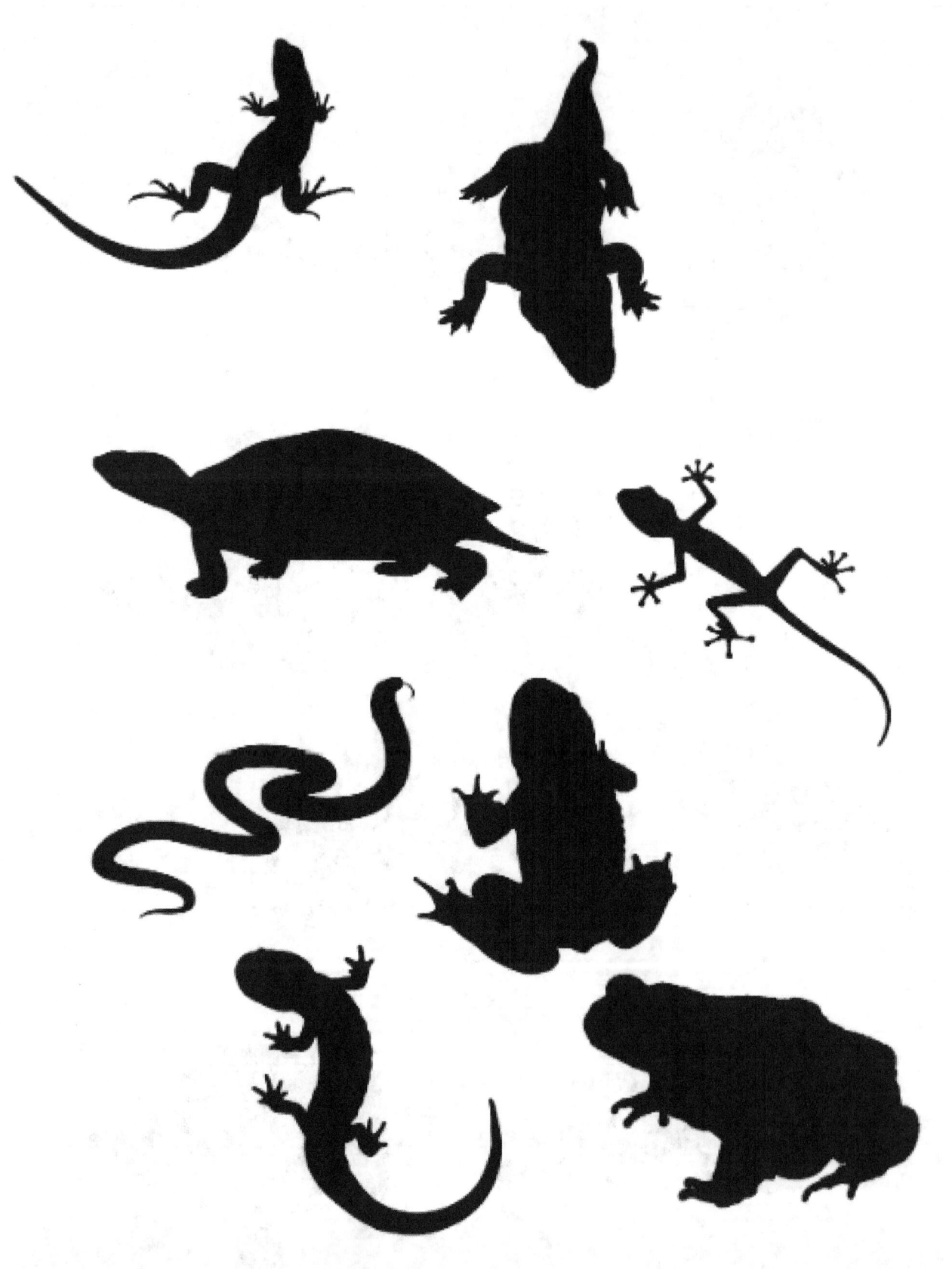

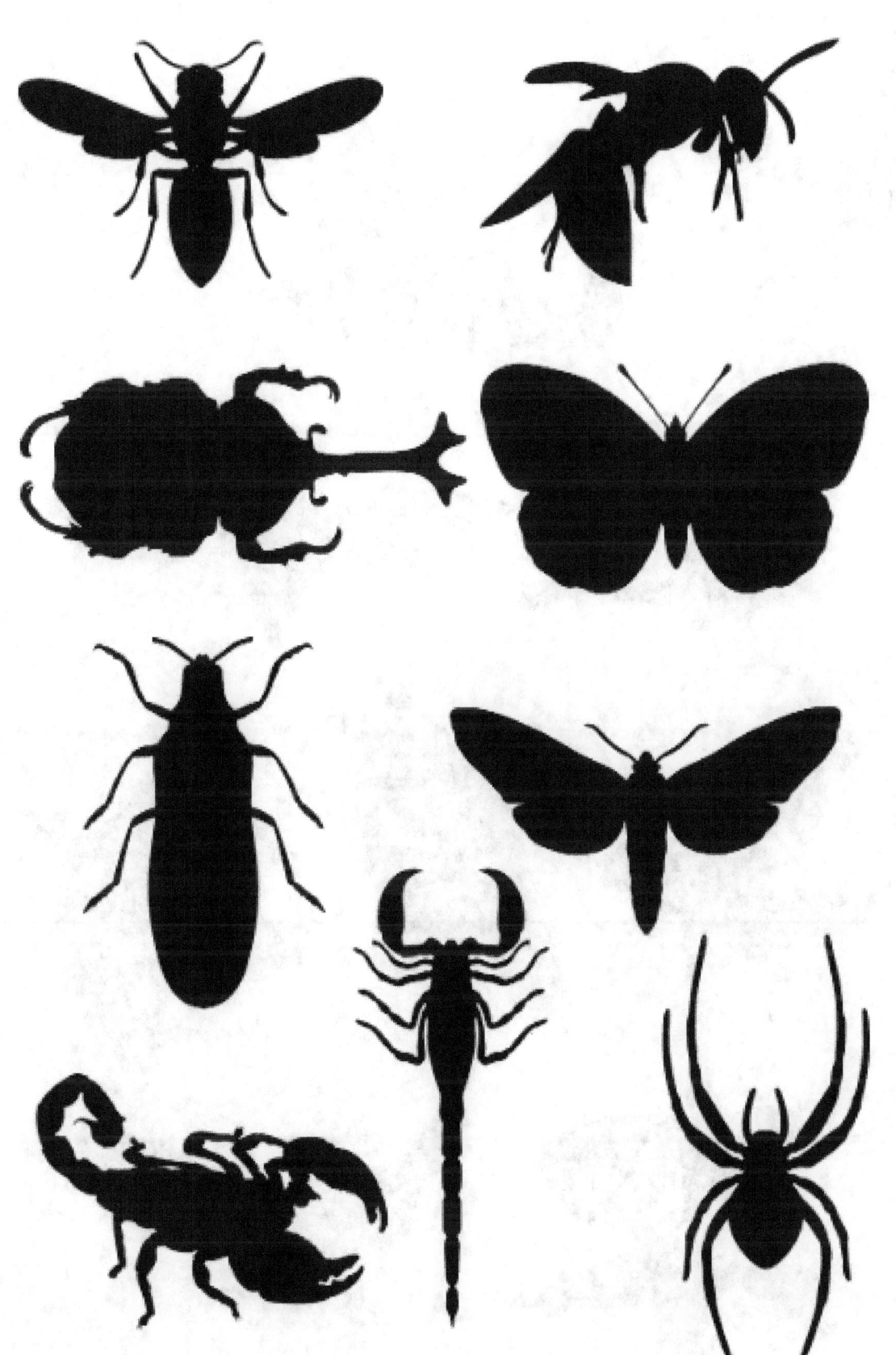

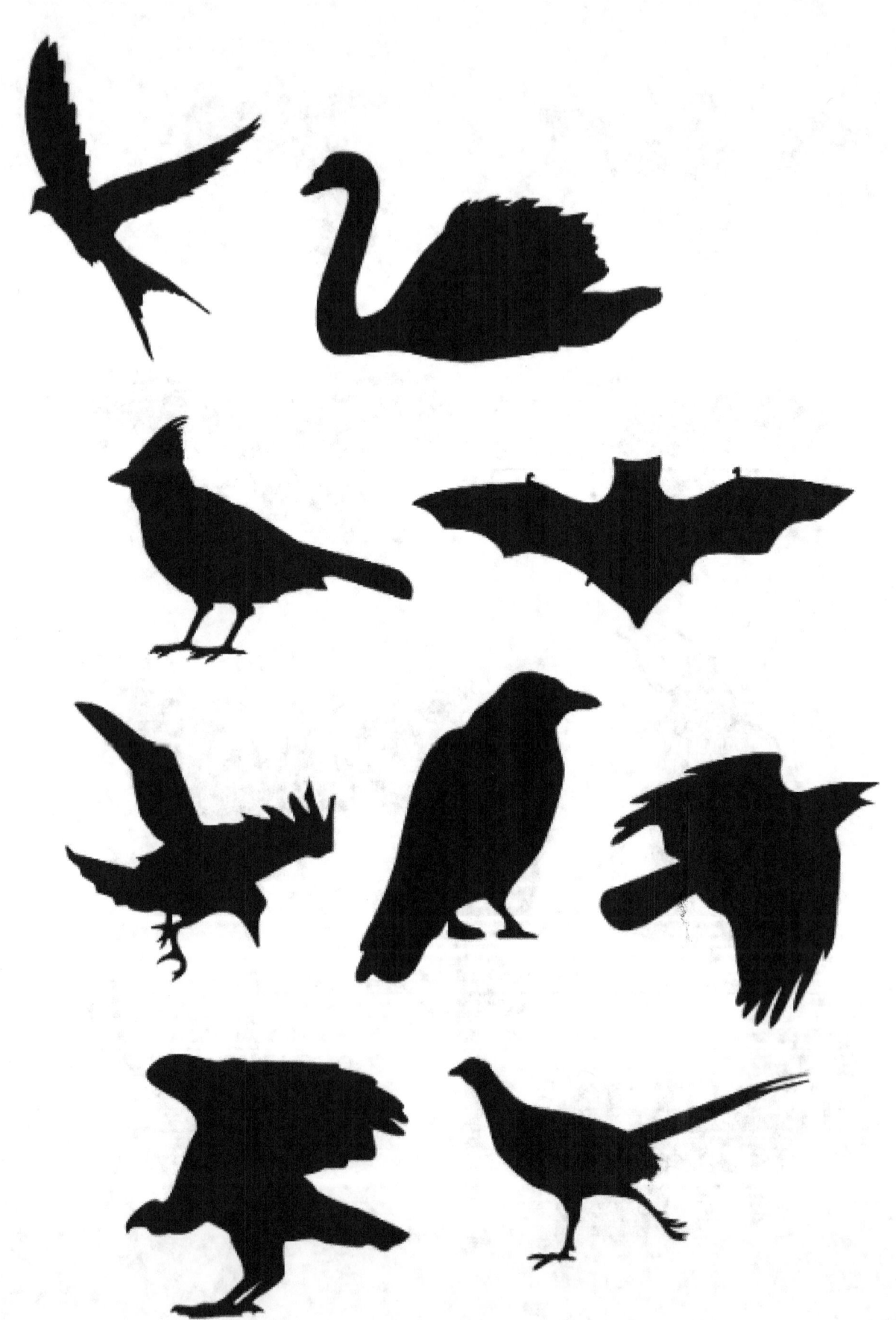

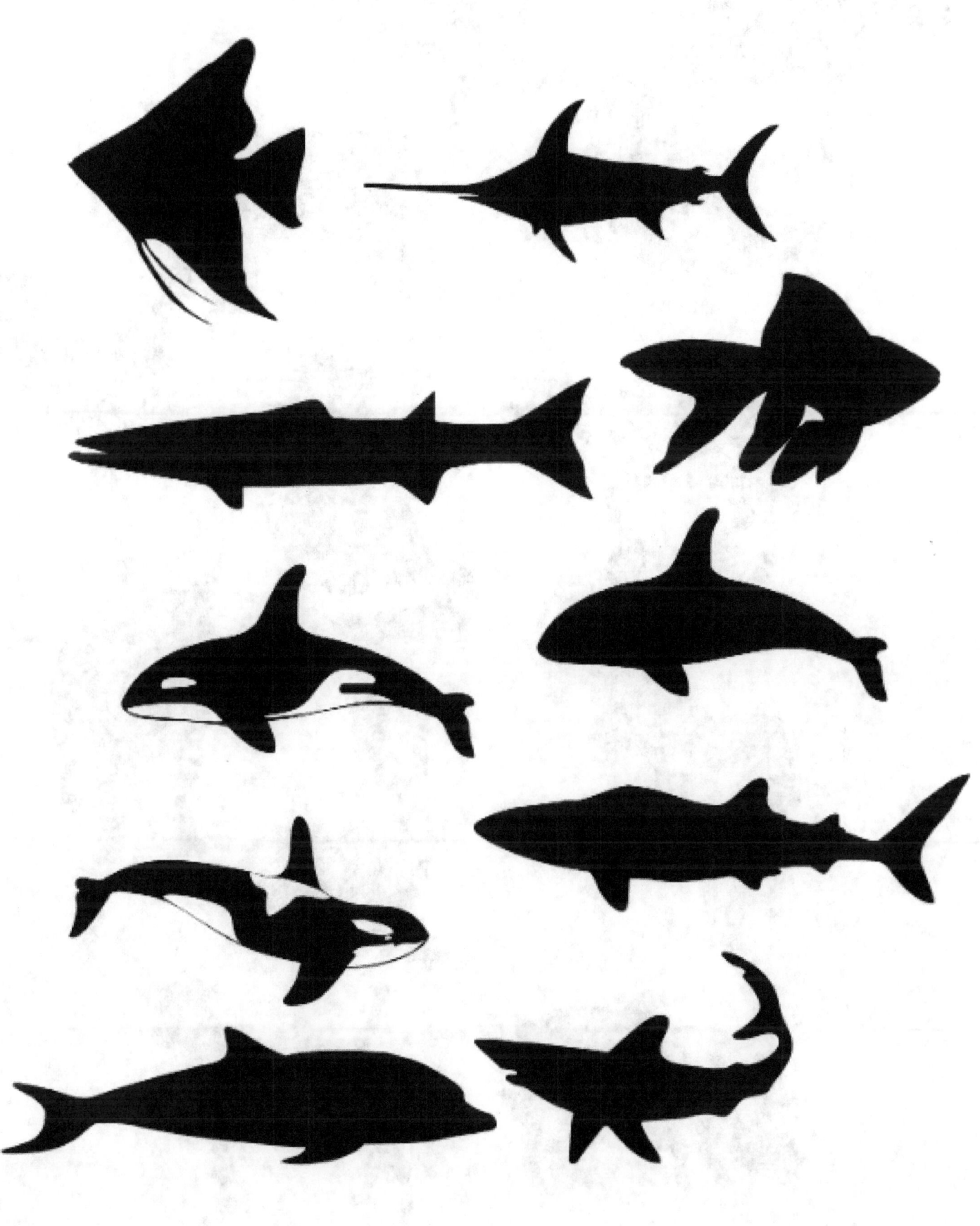

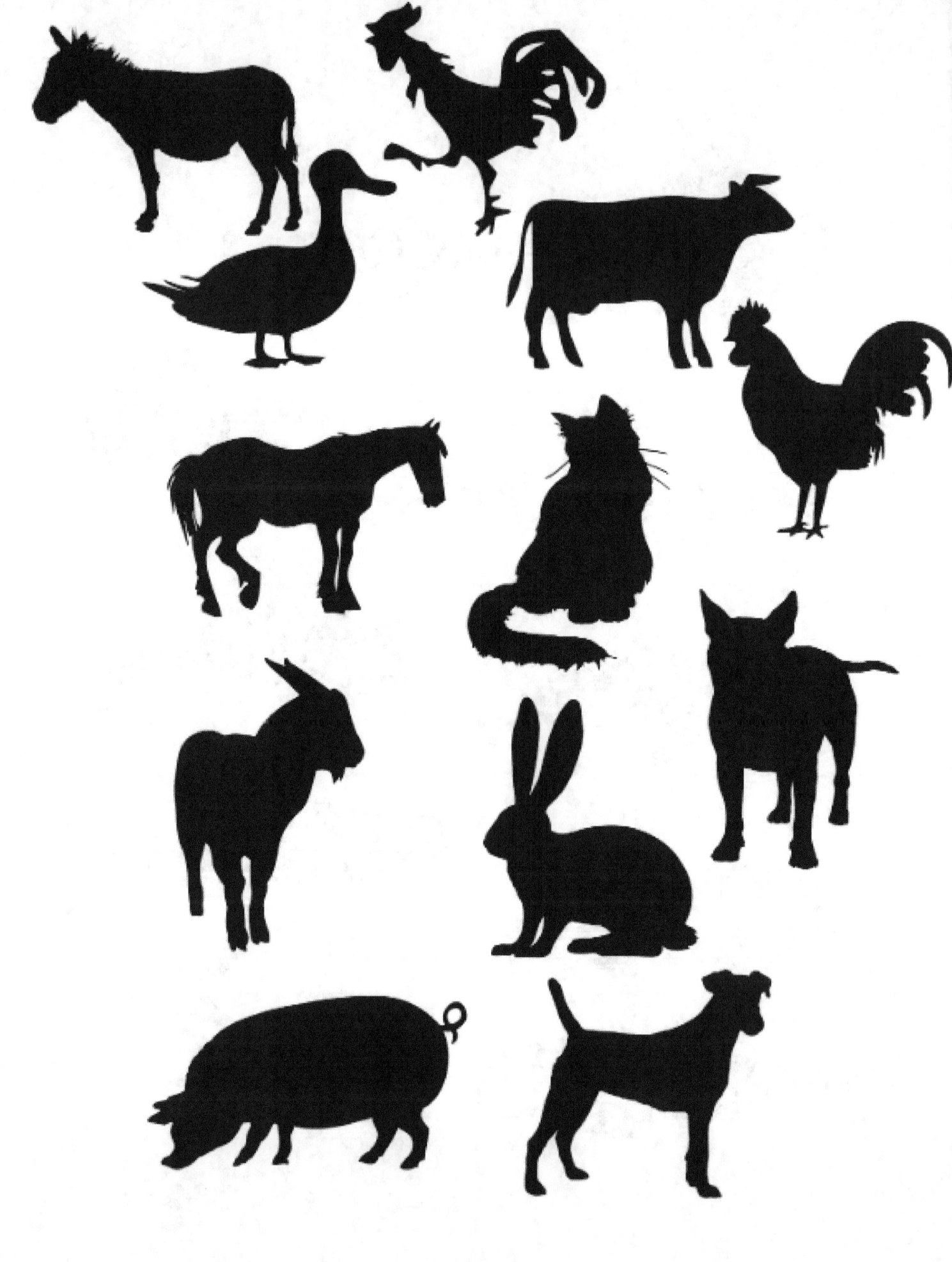

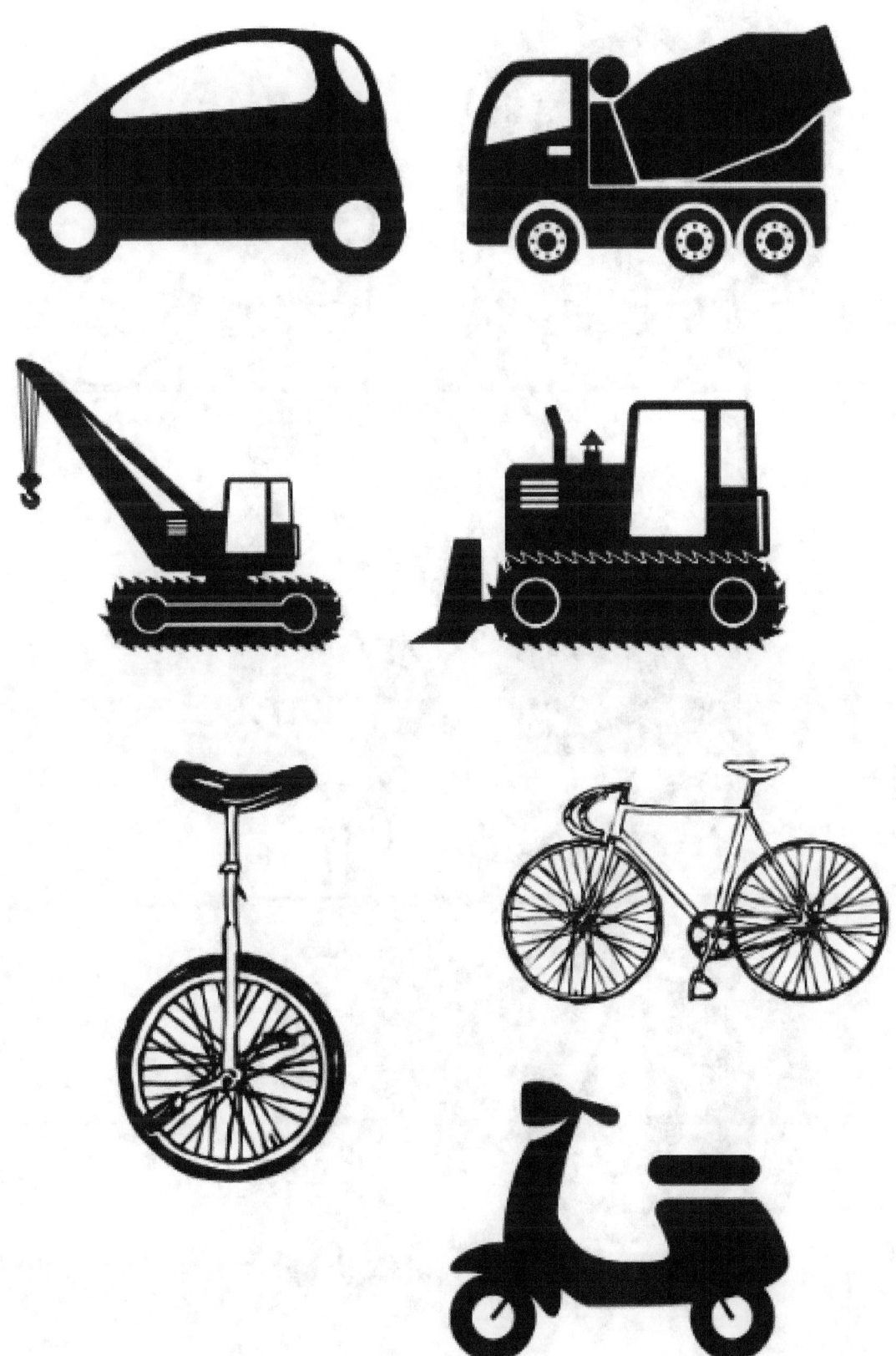

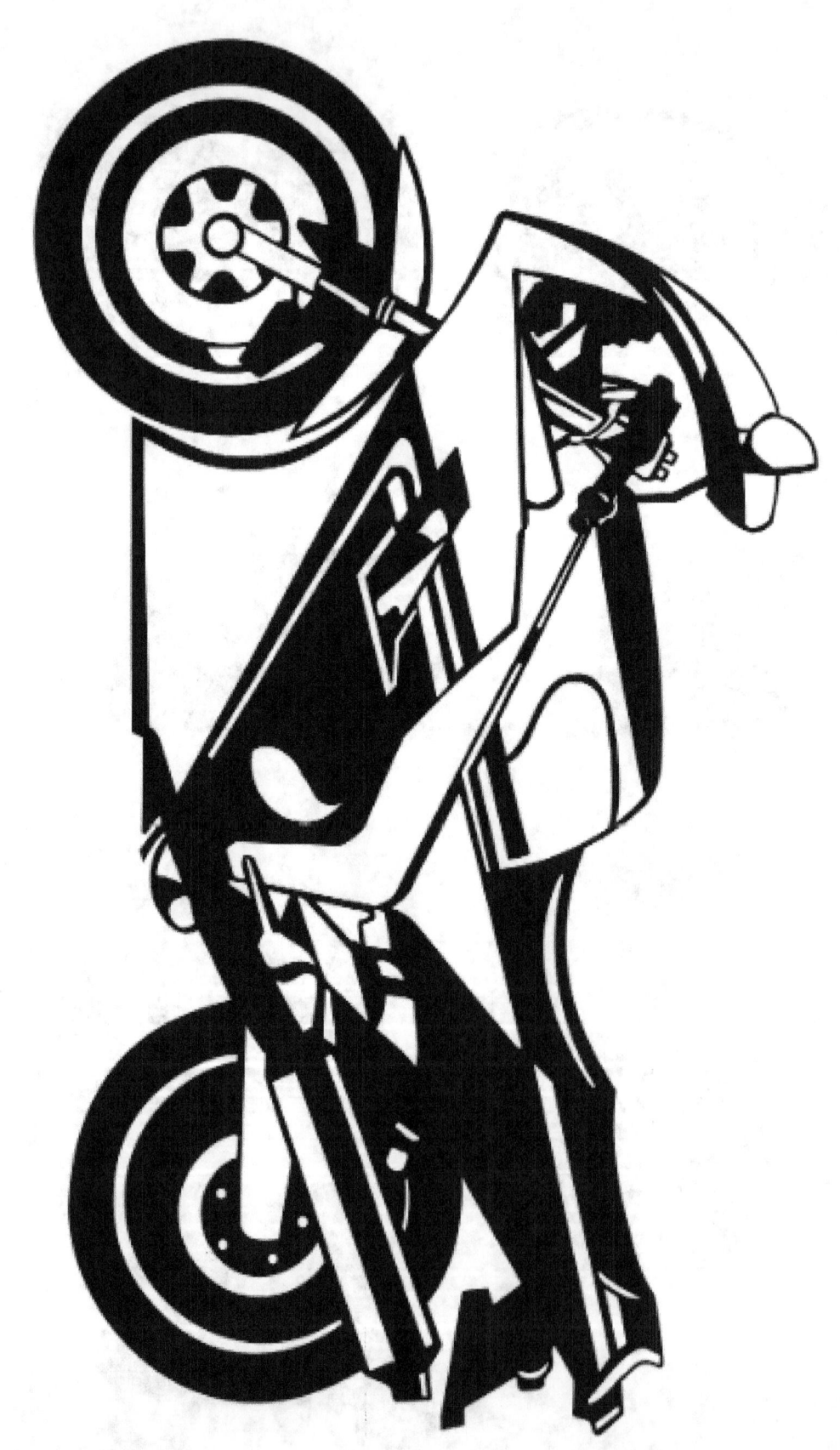

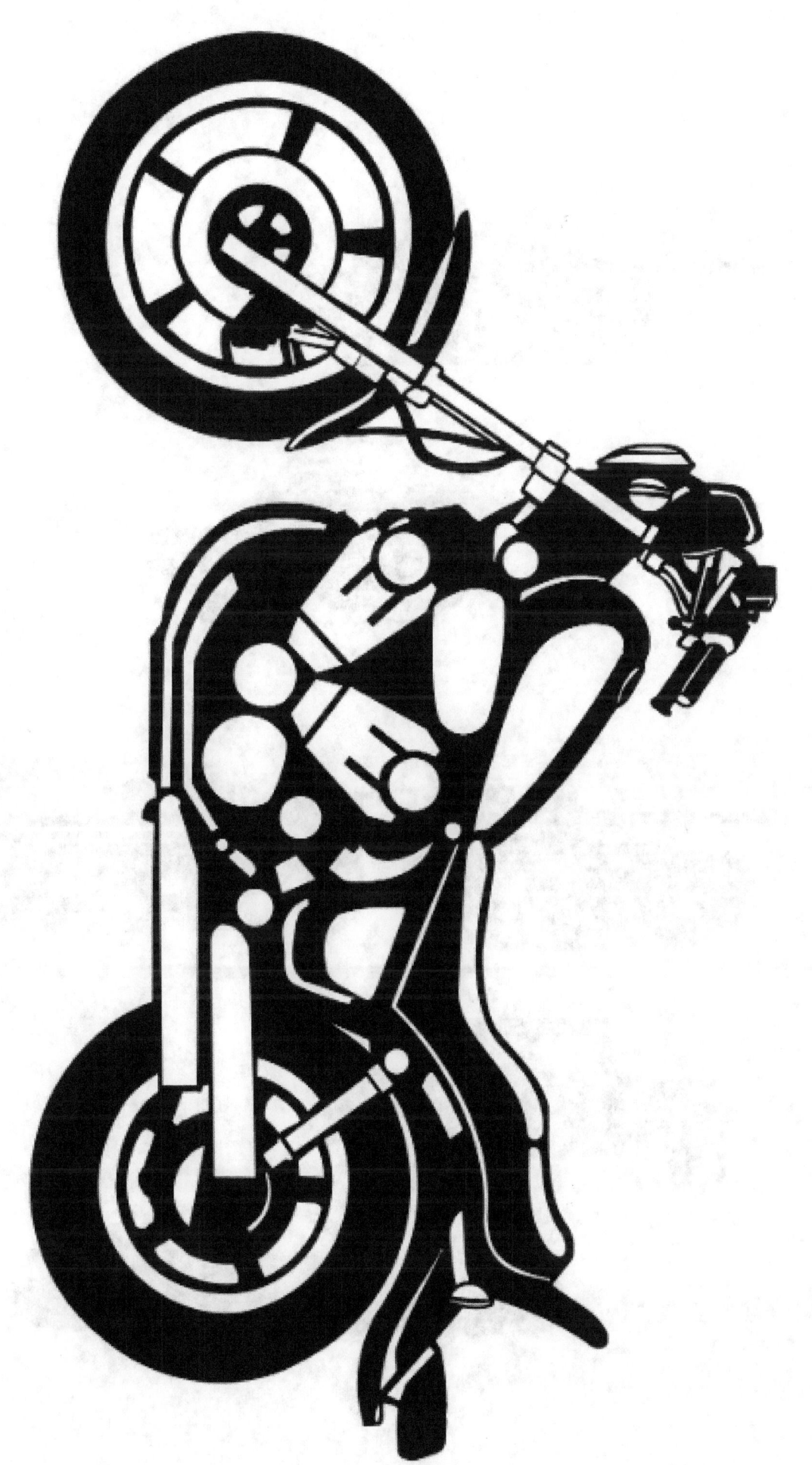

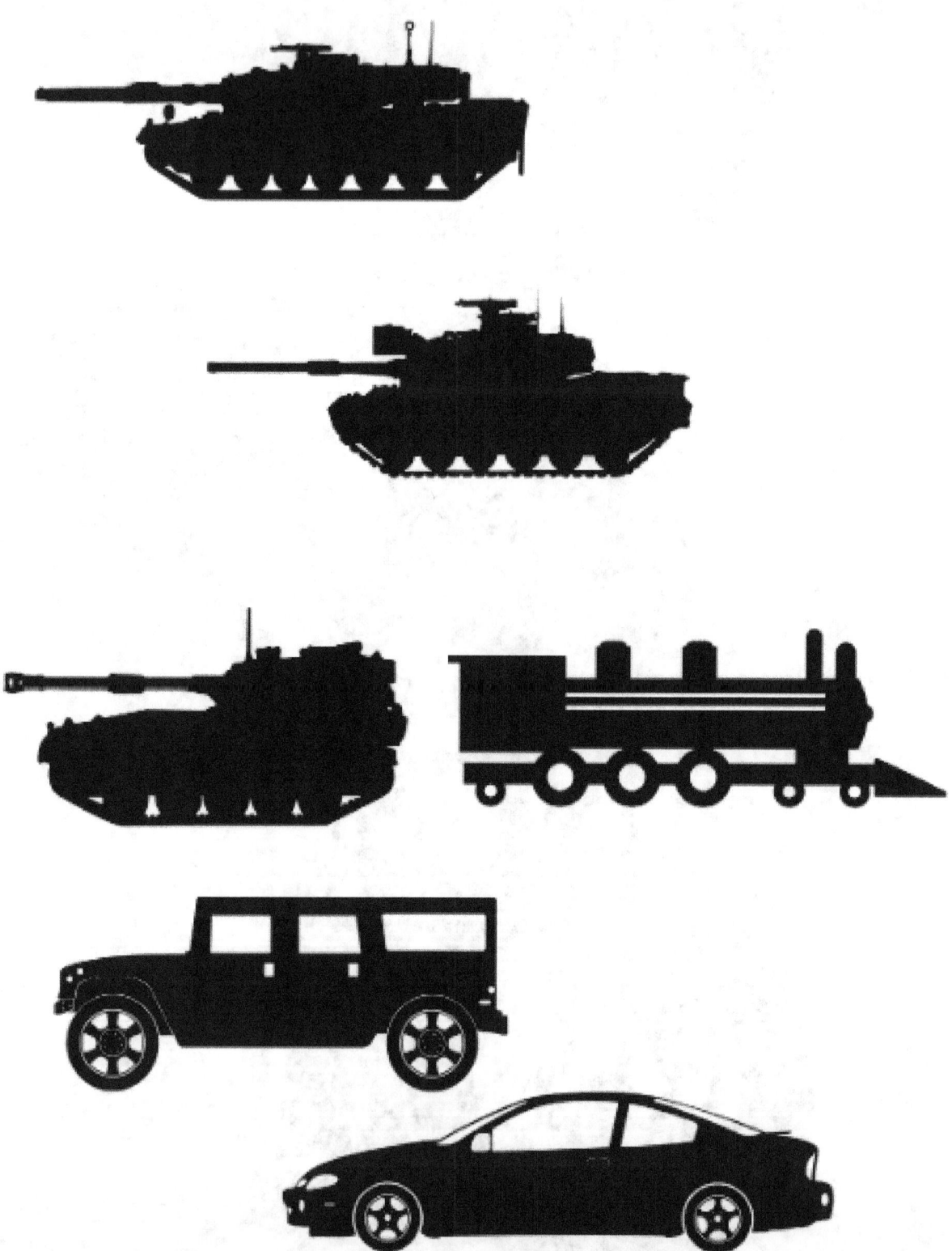

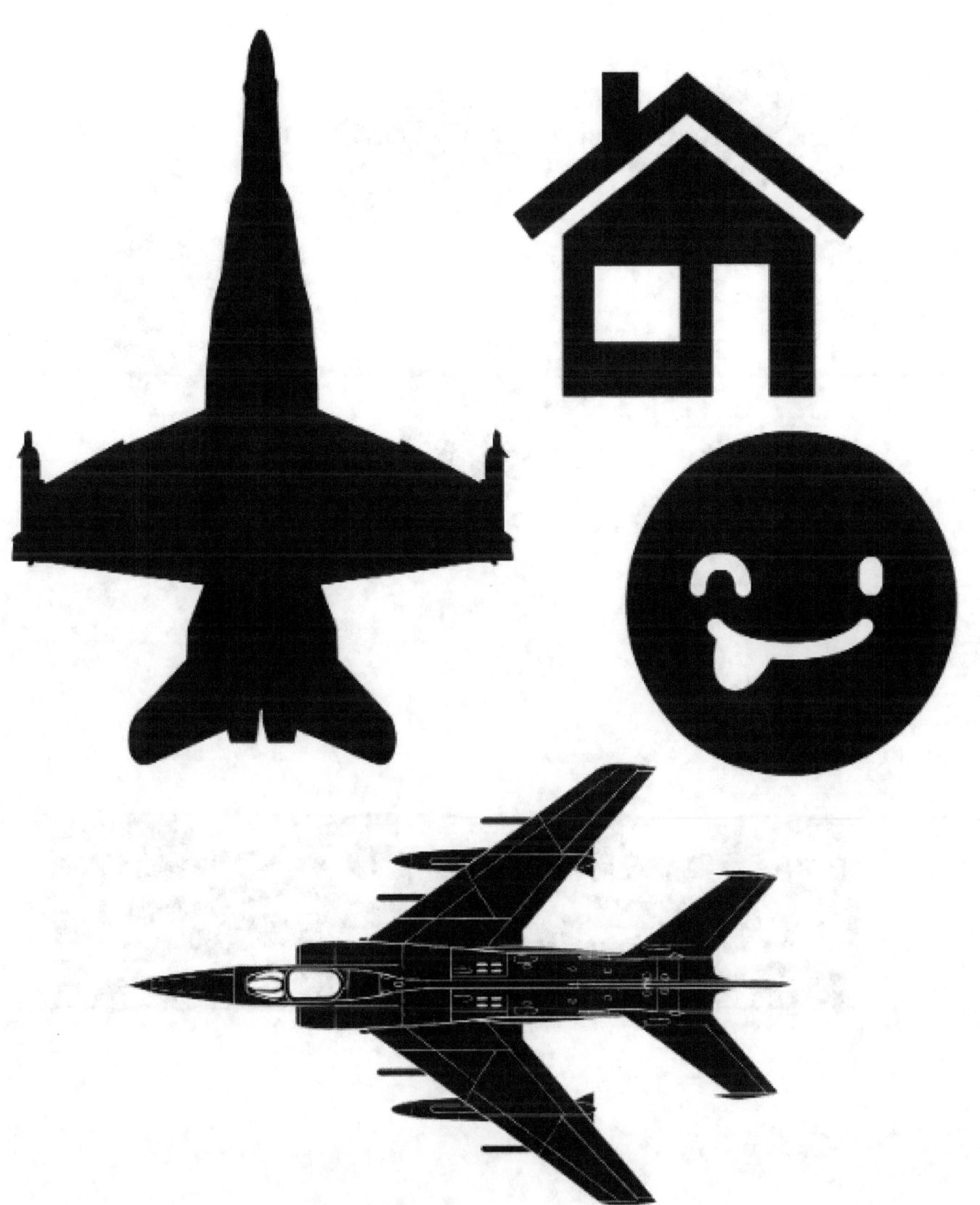

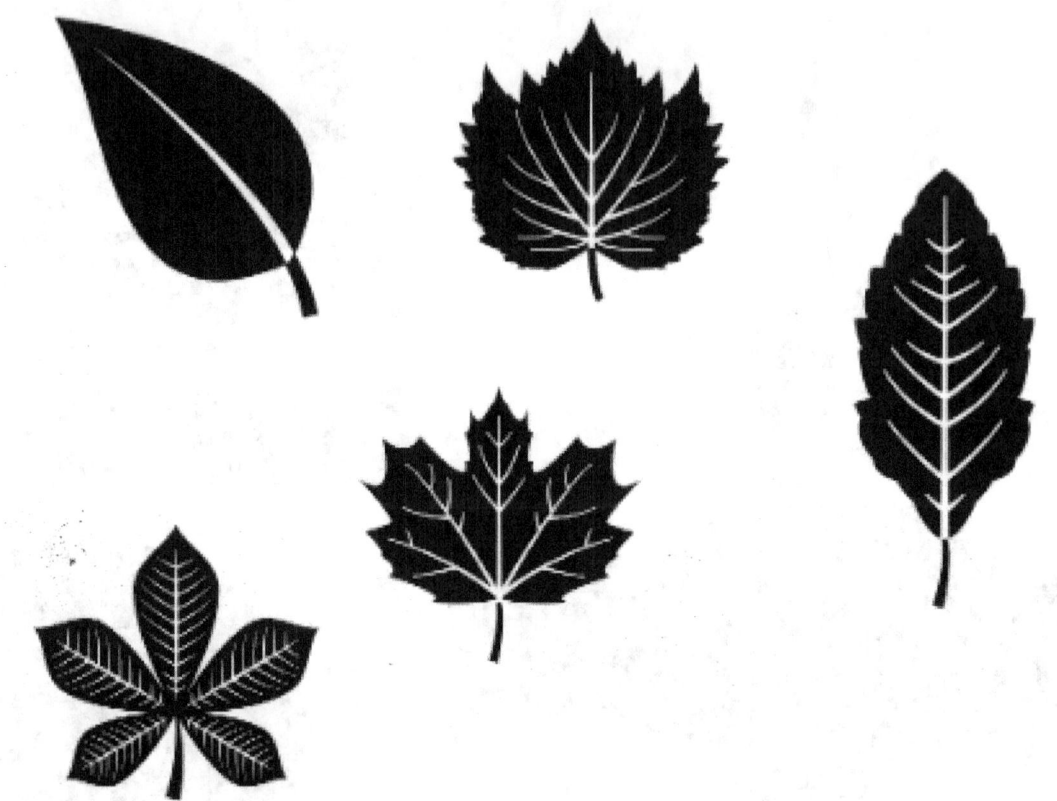
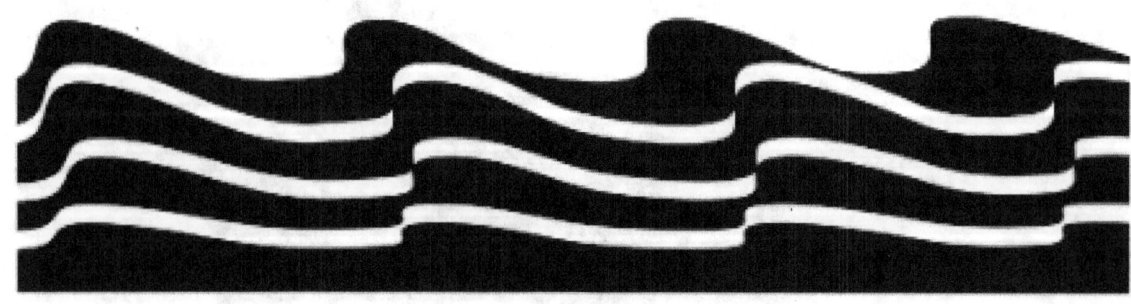

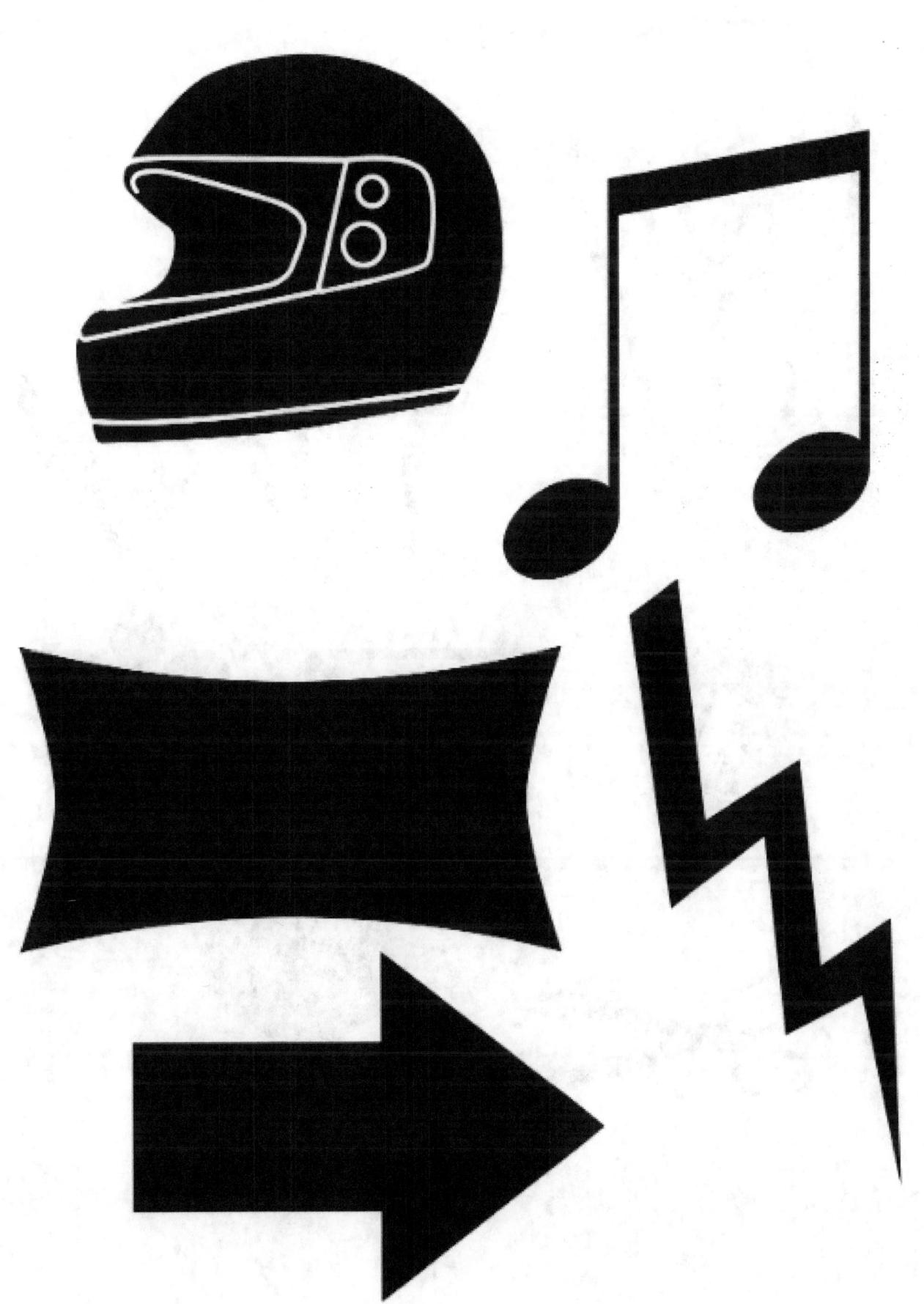

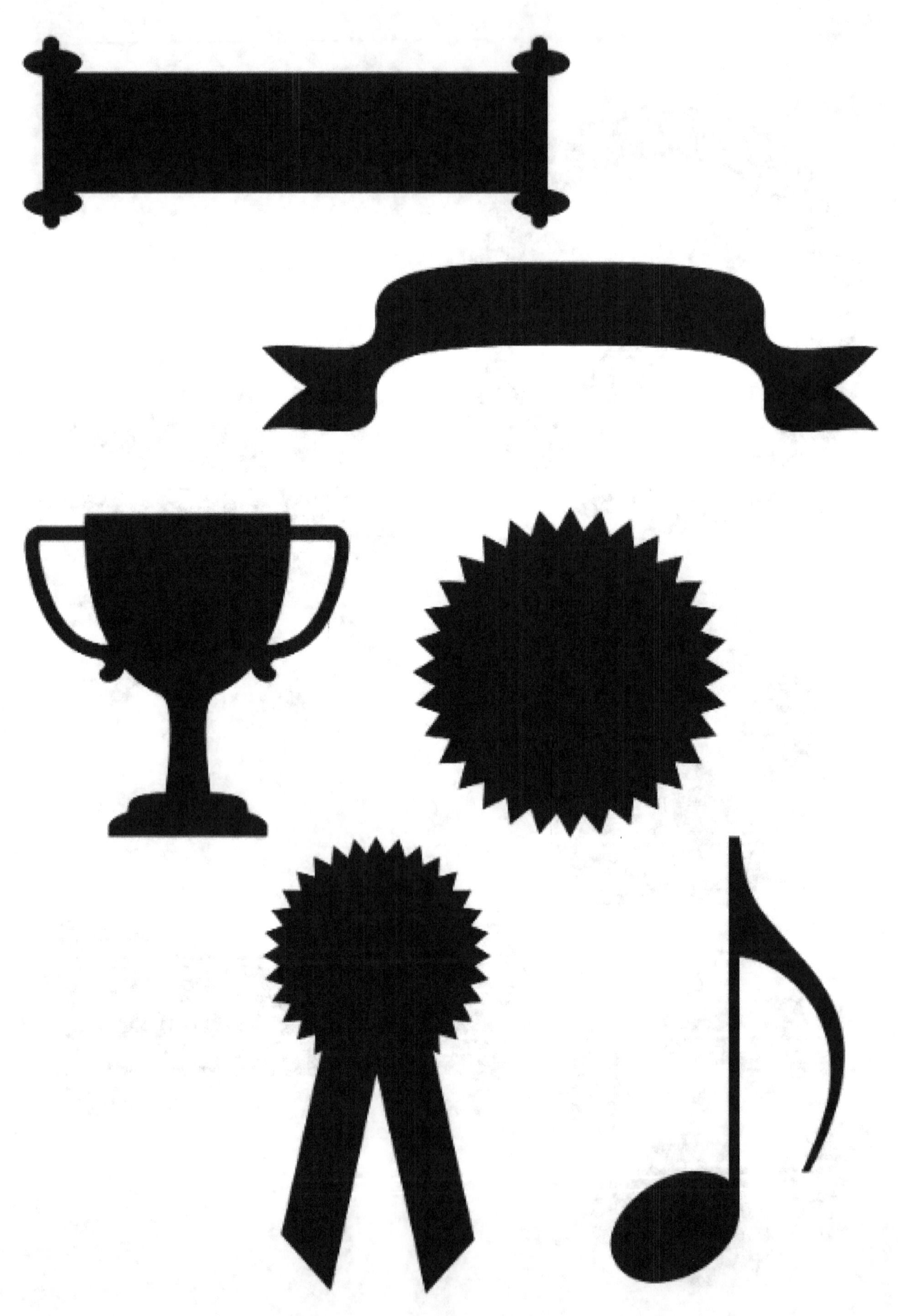